AF347113

ESSAIS POLITIQUES.

Par M. LE MARQUIS DE ***.

TOME PREMIER.

A AMSTERDAM,

Chez ARKSTEE & MERKUS.

M. DCC LVII.

PREFACE.

L'AMOUR de la Patrie eſt naturel dans tous les hom-mes. Un ſauvage de la Louiſiane, un Habitant de la Siberie tranſplantés au milieu d'un peuple po-licé, & ſous un climat heureux regretteront éga-lement, l'un ſes forêts, ſa pêche & ſa chaſſe, l'autre

a ij

son Village souterrain, & sa cabane enfumée. *Si même bien-tôt ils ne revoyent les lieux chéris par leur enfance, le chagrin de s'en voir séparés pourroit enfin terminer leurs jours.*

II.
Effets qu'il produit sur les hommes.

Le penchant que nous sentons pour notre Pays ne se borne point à notre famille, à la ville, à la maison, où nous avons vu la premiere fois la lumiere; mais il s'étend sur

la Nation dont nous som-
mes les membres. Nous
en chériſſons les mœurs,
les uſages, les loix, le gouvernement. S'il eſt monarchique, la maiſon regnan-
te a tout le reſpeēt, toute
la tendreſſe de ſes Sujets.
*En Turquie même où des
émeutes imprévues détrônent
les Princes*, les ſéditieux
ont une vénération ſi grande pour le ſang Ottoman,
que c'eſt toujours dans
cette famille qu'ils ſe choi-

siffent un Maître. Si le gouvernement est républicain,
ceux qui y font foumis ne
refpirent que la liberté,
pour le maintien de laquelle ils facrifiroient leur repos, leurs biens & leurs
vies. Les Hiftoires anciennes, *& quelques traits de
l'Hiftoire moderne nous en
offrent plufieurs exemples.*

III.
Les de-
voirs en-
vers l'Etat
doivent
l'emporter
fur tout.

Ces fentimens ne font
point outrés. Lorfqu'un
Etat, ou monarchique,

ou républicain, se trouve menacé dans son intérieur de quelques révolutions dangereuses ; alors les devoirs envers le Gouvernement doivent l'emporter sur les liaisons formées par le sang, par l'amitié, par l'amour. M. de Thou fut justement puni, en ne révélant point les confidences séditieuses de Cinq Mars ; il s'étoit rendu complice du crime de son ami. Il faut le dire, l'antiquité nous offre plus de véritables Citoyens, que les siécles où nous vivons. Les hommes d'à préfent en général, aiment leur Patrie fans pouvoir rendre raifon de leur attachement, & ils la fervent par intérêt, par ambition, & rarement pour elle-même.

IV.
Ce que c'eft qu'un vrai Citoyen.

Un homme d'Eglife vrai Citoyen, ne s'occupera qu'au maintien du culte, fans aucune innovation qui puiſſe altérer la tranquillité de l'Etat ; il n'aura d'autres vues que le ſoulagement des pauvres, que l'édification des Peuples. Le ſubalterne & le Colonel, s'ils ſont de vrais Cytoyens, auront également une noble émulation, l'un en ſe rendant capable, franchira les bornes trop étroites, qui s'oppoſoient à ſon avancement (*a*).

(*a*) Par la vénalité des Charges qui

L'autre, dans la certitude
de devenir Officier Géné-
ral, cherchera à se rendre
digne de commander un
jour les Armées ; un Ma-
gistrat vrai Citoyen, déli-
vrera la justice du dédale
de la chicane, protégera
les opprimés, se garentira
de la séduction & de l'esprit de parti ; un vrai Citoyen, avant que de cou-

ôte en France aux Officiers l'espoir de
parvenir aux grades militaires.

rir après les honneurs
qu'accorde le miniſtere
public, travaillera à les
mériter en ſe familiariſant
avec l'étude de l'Hiſtoire,
avec celle des intérêts des
Princes, & des Traités ſur
leſquels ils ſont fondés. Il
s'attachera à un Ambaſſa-
deur célébre, le ſuivra dans
toutes ſes opérations, ſon
zele & ſes talens obtien-
dront l'aveu du Gouver-
nement, pour être initié
aux myſteres d'une

ciation. Son unique but, dans ſes voyages, ſera de les rendre utiles à ſa Patrie. Bien des gens s'imaginent connoître les Pays par où ils n'ont fait que paſſer, pour avoir pris les dimenſions des édifices publics, pour avoir admiré les antiques, les médailles, & les tableaux des Peintres célébres ; ils croyent s'être inſtruits du génie des Nations, pour avoir viſité diverſes Cours.

V.
La vraie utilité qu'on peut tirer des voyages pour les négociations.

Ils se trompent : ce ne sera qu'en étendant davantage leurs recherches, qu'ils parviendront à en profiter. Toutes les Cours se ressemblent, même retenue, mêmes intrigues, mêmes desseins ambitieux. Ce n'est donc point près de personnes accoutumées à cacher leurs sentimens, qu'il faut penser discerner le caractere d'une Nation ; mais chez la petite noblesse, chez l'honnête bourgeoifie, chez l'artifan ; tous plus ingénus, & moins fujets au déguifement (a).

VI.
Divifion de tout cet Ouvrage.

Enfin dans ces différentes profeffions, la nobleffe, dirigée par la vertu, par la valeur, par l'é-

---

(a) Je fuppofe qu'une perfonne qui voyage ainfi, aura étudié les Langues : telles que l'Allemande, l'Italienne, l'Angloife, ou qu'il aura avec lui une perfonne qui les faura.

quité, par l'amour du bien public, ainſi que je viens de le dire, n'aſpirera qu'à la gloire. Mais où cet amour de la Patrie doit le plus éclater, c'eſt dans une perſonne qui, honnorée de la confiance d'un Etat, ſe trouve chargée de ſes intérêts. J'eſpere le prouver dans ma premiere Partie.

J'y traite des qualités naturelles & acquiſes, utiles au miniſtere, & de la conduite du négociateur envers fon Souverain, & à l'égard de la Cour où il réfide.

La feconde fera mention du culte dû à la Divinité, de l'origine des établiffemens humains, & du droit de guerre, j'y joins un abrégé fommaire du droit de la nature & des Gens.

On verra dans la troifieme un tableau des intérêts préfens des Souve-

rains, précédé d'un Dif-
cours qui peindra les principaux événemens politi-
ques, depuis 1648, juf-
qu'à la fin de l'année 1748.

Les Extraits des Traités
de Weftphalie, d'Utrecht,
d'Anvers & de Vienne,
avec des Difcours préli-
minaires, & des Differ-
tations fur chacun de ces
Traités, compoferont la
quatrieme & derniere Par-
tie.

Je rends compte auffi

des raiſons qui m'ont em-
pêché d'extraire le dernier
Traité conclu à Aix-la-
Chapelle ; d'ailleurs à diverſes repriſes je parle de
cette pacification dans le
corps de l'Ouvrage.

V I I.
Du ſtyle. Autant que je l'ai pu,
j'ai évité dans le ſtyle une
ennuyeuſe longueur ; &
pour jetter quelques or-
nemens ſur des matieres
aſſez métaphyſiques , je
les ai partagé en différens

Discours. Je coupe la sé-
cheresse de ces matieres
par des citations qui peuvent jetter plus de viva-
cité dans la narration ; je
les tire des négociations
de Munster, & de celles
des Pyrennées, si utiles &
si glorieuses, à la France.
Les premieres servent de
digues à l'ambition, & à
l'agrandissement des Em-
pereurs, les secondes fon-
dent une alliance étroite
entre deux puissantes Mo-

narchies, & font entre-
voir la fin de leur rivalité.
L'Histoire me pouvoit-
elle fournir des exemples
plus fameux d'une politi-
que adroite, sage & com-
binée?

VIII.
Des Au-
teurs qui
ont servi à
la composi-
tion de cet
Ouvrage.

Les sources où j'ai puisé
sont : le droit de la guerre,
celui de la nature & des
Gens, par Grotius, & par
Puffendorf.

Les négociations de
Westphalie, par le Pere

Bougeant de la Compagnie de Jesus.

Les Lettres du Cardinal Mazarin concernant la paix des Pyrennées.

Les intérêts des Puissances de l'Europe, par Rousset.

L'art de négocier, par Pequet.

L'Abrégé de l'Histoire de France de Mezeray.

Le droit public, par l'Abbé de Mably.

L'Histoire des Traités

de paix, & autres négociations du dix-septieme siécle.

Enfin l'Histoire universelle de Puffendorf, & l'Histoire ancienne de Rolin.

Au reste, je ne prétens dans cet Ouvrage qu'indiquer les connoissances nécessaires à un Négociateur; & je ne fais que rendre compte du plan que je me forme, pour m'instruire d'une science à laquelle tout bon Citoyen ne fçauroit trop s'appliquer. Les préceptes que j'y donne ne font que pour moi. Je n'aurai jamais la folle vanité de m'ériger en Auteur, n'y de rendre publiques des obfervations qui, pour fe trouver juftes, méritent plus de connoiffances que je n'en poffede.

ESSAIS

ESSAIS POLITIQUES.

PREMIERE PARTIE.

DISCOURS PREMIER.

Sur les qualités naturelles & acquises, utiles au Ministere.

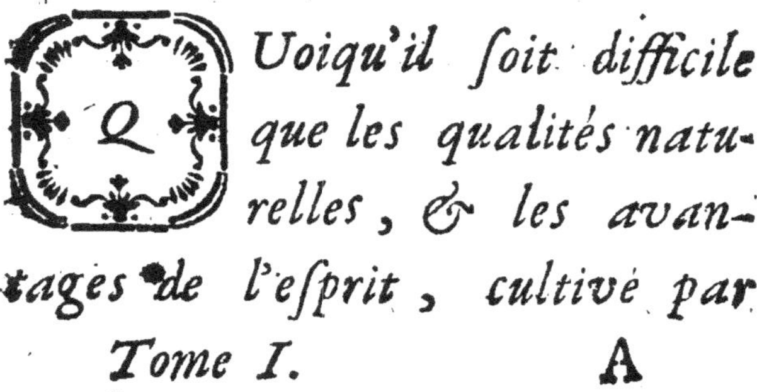

Uoiqu'il soit difficile que les qualités natu-relles, & les avan-tages de l'esprit, cultivé par

Tome I.   A

l'éducation brillent tous également dans les hommes ; il est cependant nécessaire qu'ils soient familiers à ceux qui se destinent aux affaires politiques. Le succès dépend presque toujours de l'examen & de la connoissance du cœur & de l'esprit des personnes avec lesquelles on négocie.

I.
Division du Discours.

Le zele, la probité, la modération, la modestie, la fermeté, la patience sont des avantages naturels par rapport au cœur ; le secret, la prudence, la pénétration, l'adresse, l'activité sont des avantages naturels par rapport à

L'efprit ; ainſi pour être habile,
il faut qu'un Négociateur les
ſçache tous allier.

L'Etat ne nous doit rien,
mais nous devons tout à l'E-
tat. Plus la naiſſance, plus les
honneurs diſtinguent du vulgaire, & plus ces engagemens
deviennent étroits. Un Ma-
giſtrat, un Guerrier, un Miniſtre, ſe trouveroient plus obli-
gés qu'un ſimple Citoyen, qui
ſemble n'avoir d'autre motif
de ſe dévouer à ſa Patrie, que
l'intérêt perſonnel qu'il a de
travailler à la ſûreté d'un Pays
auquel ſon inclination l'atta-

Premiere Partie.

II.
Des de-
voirs en-
vers l'Etat.

A ij

che, & de conferver un corps dont il eſt membre. Celui qui obtient la confiance de ſon maître ne ſe trouve-t-il pas, pour ainſi dire, payé par cette ſeule diſtinction ? Quelle gloire de ménager ſes intérêts, de faire chérir, reſpecter & craindre ſa puiſſance ! Cette confiance impoſe, à celui qui eſt chargé de l'autorité d'un Souverain, l'obligation la plus étroite, contraint de juſtifier cette faveur par le zele le plus vif. Le but des démarches, des actions, des penſées de ce Miniſtre eſt le ſeul avantage du maître, auquel doivent

I I I.
Du zele.

toujours céder les intérêts per-
sonnels.

Ce zele, uni avec la probité, & qui en cet objet devient
inséparable d'elle, fera résister
à la séduction, garantira de
l'avarice, & des entreprises
injustes, empêchera de se prêter aux trahisons. Tout homme les doit détester ; mais
encore plus un Négociateur
qui, paroissant au grand jour,
ne les peut cacher dans les té-
nebres d'une vie privée. Non-
seulement il est digne de mépris, mais encore il fait injure
à l'état qu'il représente, parce

IV.
De la pro-
bité.

que malgré le défaveu de fa
conduite, on a toujours peine
à s'imaginer qu'il n'ait agit
fans quelques ordres fecrets.
Ce Miniftre animé de ces deux
principes, le zele & la probité,
évitera & n'autorifera par
aucune fraude tout trafic hon-
teux de franchife ; il punira fé-
vérement ceux qui, pour com-
mettre ces indignités, fe fer-
viroient de fon nom. L'exer-
cice de la Religion fera maintenu par fon exemple, fa piété,
fon pouvoir ; fans paffer cependant les bornes prefcrites, &
fans, par un faux zele, y atti-
rer les Sujets du Prince à la

Cour duquel il se trouve. Enfin le zele, & la probité procureront cette premiere confiance si utile aux commencemens, & aux progrès d'une négociation. La vertu a cela d'admirable, qu'elle s'attire le respect du vice même.

A la probité joignons la modération ; il est difficile & même impossible qu'un esprit passionné ne s'écarte des regles de la droiture. La colere & l'impatience s'opposent aux succès ; ces vices dévoilent trop aisément l'intérieur de l'ame.

V.
La modération.

Sçavoir se posséder, est au

VI.
De l'art de se posséder.

contraire une qualité qu'on ne
peut trop rechercher & trop
cultiver. Le Préfident Jeannin
peut fervir d'exemple : la modération régnoit en fes démarches, dans fes difcours,
fans pourtant les affoiblir. Tous
fes Mémoires, fes Conférences nous montrent un bon Citoyen, qui n'a d'objet que la
gloire de la France. Celui qui
fuivra les traces de ce grand
homme ne fe peut égarer. Il
évitera l'aigreur en fes repréfentations, & même en fes
reproches ; fuira un fafte outré & ridicule, qui, excédant
fes facultés, le peut faire tom-

ber dans le mépris, ou le mettre à même de prêter l'oreille
aux séductions auxquelles l'in-
digence donne toujours prise.

Un homme modéré, sera   VII.
en même tems modeste ; ces   La mode-
deux vertus ont un grand rap-   stie.
port l'une avec l'autre. C'est
choquer l'amour propre, (&
il pardonne rarement cet ou-
trage) que de laisser entrevoir
un génie supérieur à celui des
personnes avec lesquelles on
traite ; & c'est en ces occasions
délicates qu'on doit avec adresse voiler ce présent du Ciel ;
il en revient souvent plus d'u-

A v

tilités *que de faire parade de
ses talens.* Celui qui possede
cet art, & qui semble mesu-
rer ses forces sur celles des autres, se trouve insensiblement
le maître des esprits. On se mé-
fie moins de lui, & il se met à
même de profiter des événemens & des fausses démarches.

VIII.
*Trop de
modestie
nuisible.*

Mais aussi la modestie de-
viendroit nuisible en d'autres
circonstances ; sur-tout lorsqu'il s'agit des prétentions du
maître, des Priviléges accordés à une Nation, ou au caractere.

IX.
*De la fer-
meté.*

Alors il faut se servir de

fa fupériorité , parler comme parleroit le Souverain même, s'approprier fa hauteur & fa dignité. Je citerai le Cardinal Mazarin : peut-on donner un plus digne modele à un Miniftre ?

Les attaques redoublées de Dom Louis de Haro , avoient trouvé une réfiftance inflexible de la part du Cardinal. Pouffé, ou par fon reffentiment particulier, ou par des motifs peut-être plus nobles ; quoi qu'il en foit, Dom Louis le pria de lui dire nettement ce qu'il croyoit pouvoir faire

X.
Exemp'e tiré des négociations des Pyrenées.

en faveur de Monsieur le Prince , dont la satisfaction retardoit la signature de la paix ;
& ce que l'Espagne devoit espérer sur ce point. « C'est ici,
marque le Ministre en sa
quinziéme Lettre à M. le
Tellier, » que je jugeai à pro-
» pos , pour le service , pour la
» dignité du Roi , & pour re-
» connoître au vrai le fond du
» cœur de Dom Louis , de
» m'emporter par adresse en
» élevant un peu ma voix.

XI.
Réflexion
à ce sujet.

Qu'on remarque, *je prie*,
cette conduite. La vivacité extrême du Cardinal Mazarin

ne le maîtrise pas, on lui parle avec zele de son mortel ennemi, son seul nom le doit animer ; cependant toujours souverain de lui-même, il ne s'emporte qu'avec adresse. Son prétendu mécontentement fait l'effet que n'auroit jamais produit une colere véritable. Il assura donc que le Roi, ni lui, ne consentiroient jamais d'accorder une satisfaction telle qu'on la demandoit pour Monsieur le Prince, satisfaction d'un exemple trop pernicieux à l'égard de ceux qui un jour le voudroient imiter ; qu'on se comporteroit avec

lui , ce qui lui fembloit jufte ,
ainfi que le Roi d'Efpagne en
uferoit avec celui de Portugal ; fans quoi il voyoit avec
chagrin la Chrétienté fe re-
plonger en de nouveaux mal-
heurs. Qu'au refte la crainte
d'encourir la haine des Peuples ne l'empêcheroit pas , lui
Cardinal de Mazarin , de s'en
retourner fans avoir eu le bonheur de pacifier les deux Monarchies ; que n'ayant en vue
que la gloire de fon Maître ,
auquel il fembloit qu'on vouloit faire la loi , il étoit prêt
de partir , & qu'il efpéroit enfin de la bonté divine le même

avantage pour la France, &
peut-être de plus grands.

Une déclaration si précise
fit *filer doux* à Dom Louis,
terme dont se sert le Cardinal.

Le Plénipotentiaire François
fut ainsi certain que rien n'é-
toit capable d'obliger celui
d'Espagne de rompre la négociation ; feignant de protéger toujours la Maison de Bragance, & marchandant au sujet du rappel de celle de Condé, il se rendoit le maître des
conditions : c'est ce qui arriva
à la conclusion d'un Traité,

XII.
Utilité que
le Cardinal
de Mazarin
tira de sa
fermeté.

lequel peut servir de premiere époque au *déchet de puissance* de la Maison d'Autriche Espagnole.

XIII.
Autre exemple de fermeté tiré de Wicquefort.

Wicquefort nous cite un autre trait de fermeté qu'on ne sçauroit trop admirer :

Sultan Ibrahim, irrité de la perte d'un Vaisseau *grand & magnifique*, enlevé par les Galeres de Malte, ne vouloit pas même permettre à sa vengeance d'épargner ceux qui, chez toutes les Nations, sont protégés par un droit sacré. Un favori du grand Seigneur, ami de la Haye Valtenay, Ambassa-

deur de France, lui conseilloit de se soustraire à l'orage. Après l'avoir remercié de cette preuve d'amitié : « L'honneur &
» le devoir, dit ce Ministre,
» m'empêcheront de suivre vo-
» tre avis. Rien même ne me
» toucheroit plus que de me
» voir remplacé, dans cet instant
» de crise, puisque je serois privé
» de sacrifier ma vie au service
» de mon Maître, duquel le
» ressentiment est à redouter.

Ces preuves de courage de la part des Ministres étrangers, ont toujours chez les Turcs un succès heureux, elles les font

XIV.
Le courage nécessaire chez les Turcs.

estimer & craindre. Cette Nation ne devient souple, que lorsqu'elle trouve de la résistance. C'est, je crois, la seule Cour où une fermeté même outrée n'est jamais nuisible. Un Ministre, en un mot, chez quelque Puissance qu'il soit, ne peut marquer trop de grandeur d'ame. Fermeté bien différente de celle qui dégénere en opiniâtreté, vice aussi préjudiciable aux affaires, que la patience leur est avantageuse.

X V.
Danger d'être trop opiniâtre.

X V I.
La patience.

Cette vertu est absolument essentielle au Négociateur ; elle lui fera attendre la matu-

tité de ce qu'il défire ; il pro-
fitera des incidens, fe trouvera
toujours à même de les com-
biner, & de les faifir. Philippe II Roi d'Efpagne , avoit
coutume de dire : « *Le tems &*
» *moi en valons bien deux autres.*

XVII.
Maxime
de Philippe
II.

Ce grand Politique étoit
perfuadé que de *s'empreffer* , &
de fe paffionner, faifoit le plus
fouvent échouer une entrepri-
fe. *Il paroiffoit quelquefois in-
différent pour ce qu'il défiroit le
plus.* Sa conduite alors étoit
celle des Rameurs ; ils tour-
nent le dos à l'endroit où ils
veulent aborder. *Cependant* il

XVIII.
Trop
d'empreffe-
ment nuit
fouvent
aux affai-
res.

XIX.
De l'in-
dolence, &
de l'inquié-
tude d'es-
prit.

ne faut pas que la patience devienne indolence, *vice aussi
préjudiciable que le seroit l'inquiétude d'esprit, qui n'est autre
chose qu'un défaut de connoissances & de jugement.*

XX.
De la bon-
ne réputa-
tion.

Mais toutes les diverses parties, que nous venons de parcourir pour former le caractere du Ministre public lui seront
inutiles, s'il n'est irréprocha-
ble en ses mœurs. La capacité,
sans la réputation, est infruc-
tueuse. Un homme en place
se trouve soumis au Public,
qui se *rend le critique, & le
juge de ses actions.* Les bonnes

mœurs du Miniſtre donnent à une négociation la premiere confiance. De quel danger, au contraire, la débauche n'eſt-elle pas ſuivie ? L'eſclave des paſſions l'eſt de tous ceux qui ſçavent les flatter. Au milieu des fêtes & des plaiſirs, un Miniſtre ſe doit à ſa patrie. La prudente ſageſſe qui le guidera, maîtriſera ſes paſſions. Il aura toujours pour maxime conſtante, qu'une faute, quelque petite qu'elle ſoit, n'eſt jamais de peu de conſéquence, lorſqu'elle peut préjudicier aux intérêts de ſon Maître. Ainſi il fera ſervir à leur

XXI.
Elle donne le crédit à une négociation.

avantage ce qui, dans un particulier, eſt un délaſſement d'eſprit ; & ſans ceſſe en garde
contre les attraits de la volup-
té, loin que le commerce des
femmes & celui du grand monde puiſſent jamais le ſéduire,
ils lui procureront au contraire des connoiſſances que la ſo-
litude, & les méditations du
Cabinet ne peuvent donner.

XXII.
Les qua-
lités natu-
relles, ſans
le génie,
deviennent
infructueu-
ſes.

Les qualités naturelles ſont
autant de pierres précieuſes,
mais encore brutes, ſi le génie
ne leur donne le brillant &
l'éclat. C'eſt lui qui les place
à propos, & en fait une di-

tribution utile ; ainsi il eſt de mon ſujet de parcourir à préſent les divers talens perfectionnés par l'eſprit.

Sçavoir ſe taire à propos eſt un Art qui, ſous les dehors d'une bonne foi ingénue, apprend à diſſimuler les projets & les démarches. Souvent même cet Art nous fait paroître moins diſcrets, pour l'être davantage. Ce n'a jamais été une fauſſeté que de ruſer, afin de fermer toute iſſue à l'intérieur de l'ame. « Il n'y a » aucune utilité, ni plaiſir, dit Baltazar Gracian, » à jouer à

» jeu découvert, & les feintes
» font permifes pour gagner
» la partie.

XXIV.
Divers maneges pour mettre en défaut les curieux.

Les fauffes confidences, les Nouvelles équivoques femées dans le Public pour le diftraire des véritables, quelquefois l'aveu même de nos projets; tous ces divers maneges détournent l'attention & éloignent du vrai but les intéreffés. Il eft difficile de tuer un oifeau qui n'a pas de vol réglé.

XXV.
Danger d'être trop réfervé.

Le fuccès des affaires, j'en conviens, dépend du fecret; mais auffi une trop grande réferve

ferve leur peut nuire. Elle fait le plus souvent naître les soupçons. Pour des génies pénétrans ils sont rarement éloignés de la certitude. Etre renfermé en soi-même, sans cesse contraint, ne laisser espérer aucune ouverture, c'est se priver de liaisons intimes, c'est établir la méfiance, & s'ôter ainsi les moyens d'être instruit parfaitement. Un air interdit, inquiet, un silence déplacé est donc autant pernicieux que le seroit l'indiscrétion, ou la trop grande précipitation à parler.

Au reste quelque attache-

XXVI.
Un secret

d'Etat ne
doit jamais
être violé.

ment que l'on ait pour un ami intime, pour une femme, pour une maîtresse, quand même on seroit certain de toute leur retenue, & de toute leur probité, il n'est jamais permis de révéler les choses confiées; sur-tout lorsqu'elles intéressent une Nation. Le secret, cette ame des événemens & pere de la politique, est un dépôt auquel on ne doit toucher sans l'aveu de celui à qui il appartient.

XXVII.
De la pé-
nétration,
ou sagacité.

Ce n'est pas assez de cacher ses projets, il faut encore découvrir ceux des autres. C'est

alors qu'on ne peut trop posſé-
der la ſagacité intelligente due
au jugement droit & actif.
Cette fine ſonde des replis du
cœur trouve la juſte portée
des paroles, & en eſt la clef.

Les paſſions ſont différentes,
ſelon la diverſité des génies,
des humeurs & des climats;
diſcerner la dominante eſt aiſé, mais ſçavoir profiter de la
découverte n'eſt pas un petit
travail. Les hommes ſont idolâtres, ou de l'honneur, ou de
l'intérêt, ou des plaiſirs. Il eſt
néceſſaire de ſe ſervir adroitement de leur foible.

XXVIII.
*De l'a-
dreſſe.*

La pénétration procure l'a-droite fineſſe, tournure d'eſprit vive & délicate, qui fait ſurmonter les obſtacles, enſeigne les moyens prompts de les tourner à l'avantage de la négociation.

XXIX.
*Exemple
tiré de
Wicque-
fort.*

Le Traité de Vervins rendoit, au ſujet de la ſouveraineté de Saluces, le Pape arbitre entre le Roi, & Emmanuel de Savoye. Le Marquis de Sillery Brulard, Plénipotentiaire de France, ſollicitoit à Rome les intérêts de cette Couronne. Les deux Princes intéreſſés

craignoient également un sé-
queftre, entre les mains du
Pontife ; afin de prévenir les
artifices du Duc, le Miniftre
françois, fit courir le bruit que
dès que le Roi auroit la pof-
feffion affurée du Marquifat,
il le céderoit à un des neveux
de fa Sainteté. Emmanuel al-
larmé offrit lui-même au Pape
cet Etat en litige, & crut ainfi
fe le gagner ; mais Urbain of-
fenfé déclara qu'il renonçoit
dès ce moment à l'arbitra-
ge, puifqu'une des parties le
croyoit intéreffé. Cette adreffe
de Monfieur de Sillery eut un
fuccès heureux, mit en défaut

B iij

toute la politique du Duc, il
n'y eut plus de féqueftre à redouter, & la France garda encore quelques tems la Princi-
pauté.

XXX.
Adreffe du Cardi-nal Maza-rin, pour connoître les fenti-mens de Dom Louis de Haro, & qui lui réuffit.

La fituation où fe trouvoit
le Gouvernement, étoit affez
critique vers la fin des Conférences de l'Ifle des Faifans. Les
victoires fur les Etrangers n'en
impofoient que foiblement à
l'intérieur du Royaume, l'é-
tendart de la rébellion étoit
prêt à fe déployer. Peu fatis-
faits de l'adminiftration, les
Grands, les Parlemens, & les
Peuples cabaloient. L'Efpagne

par ſes intrigues ſecrettes pouvoit enfin ſe venger de ſes pertes. C'étoit au Cardinal à con-
jurer l'orage, à unir deux Nations ennemies, & à reconci-
lier deux Rois que *la Parenté*
ne pouvoit guérir de l'ancienne
jalouſie entre leurs maiſons.
La gloire qu'en pouvoit acquérir le Cardinal de Mazarin,
& ſon propre intérêt en une
ſituation ſi épineuſe, lui faiſoit
enfin déſirer la choſe pour laquelle il avoit le plus de répugnance ; c'étoit le rétabliſſement du Prince de Condé.
D'une autre côté, s'il avoit
marqué trop de condeſcendan-
B iiij

ce, les follicitations de Dom
Louis, en faveur de ce réta-
bliffement, feroient devenues
plus vives, les demandes de la
Cour de Madrid exorbitantes,
& la dignité du Roi auroit été
bleffée. Il falloit cependant par
une paix avantageufe à la Nation éloigner les ennemis des
Frontieres, le fort des Armes
pouvoit changer. Que de maux
ces ennemis vainqueurs n'au-
roient-ils pas caufés à la France, dans la fermentation qui
y régnoit ? On peut dire que
ç'auroit été le terme de fa dé-
cadence. Le Miniftre donc
feignit toujours de s'oppofer

aux défirs empreſſés de Dom Louis ; & par un manége des plus adroits, il laiſſoit à l'Eſpagnol la prétendue gloire des expédiens. En le contre-diſant il ſçavoit lui ſuggérer ceux qui étoient avantageux à ſes projets. C'eſt ainſi que la Cour de Madrid, par la ceſſion de quelques places qui au-roient rompu la communica-tion avec notre nouvelle Fron-tiere, indemniſa la France de la reſtitution faite au Prin-ce de Condé de ſes biens, Penſions & Charges ; & ſon rétabliſſement déſiré égale-ment des deux Plénipotentiai-

B v

res ne coûta rien au Roi. La
satisfaction du Prince ayant été
de cette maniere terminée, les
François auſſi-tôt jouirent d'u-
ne tranquillité après laquelle
ils ſoupiroient depuis long-
tems.

XXXI.
*La péné-
tration
veut le ſe-
cours du
bon ſens.*

Au reſte quoique la péné-
tration ſoit utile pour déve-
lopper le vrai des diſcours,
qu'elle prend l'eſprit des inſtructions, combine les affaires, en connoît le principal
objet, & le montre ſous une
face avantageuſe ; cette pénétration a beſoin d'être ſecondée
par le bon ſens. Un eſprit lent,

mais qui se trouve aidé d'un jugement droit & solide, est préférable sans doute, à un autre génie dénué de cet avantage, quoique ce dernier possede toute la sagacité dont je viens de parler. Le bon sens se trouve toujours guidé par la prudence, qui soumet ses entreprises à une mure & sage délibération. La politique lui doit son regne, & ses succès. Un Ministre doué de la prudence, cette vertu si nécessaire, sçaura prévoir les obstacles, y remédira, suivra exactement les ordres, de bouche & par écrit, de son Maître,

B vj

se fera une étude & une mé-
ditation continuelle de ses ordres, sera toujours en défiance de lui-même. « Certain

XXXII.
Maxime
de la Ro-
chefoucaut
à ce sujet.

» que la prudence la plus con-
» sommée ne sçauroit nous as-
» surer du plus petit effet du
» monde, parce que travail-
» lant sur une matiere aussi
» changeante, & aussi incon-
» nue qu'est l'homme, elle ne
» peut avec sûreté exécuter
» aucun de ses projets.

» Je ne sçai, dit le Cardi-
» nal Mazarin, en une de ses
» dépêches à M. le Tellier, si
» vous qui voyez d'assez près
» tout ce que je fais, tomberez

» d'accord avec moi, fans com-
» plaifance, qu'avec la liberté
» que j'ai d'exécuter ce que je
» crois le plus propre au fervice
» du Roi, j'agis avec autant de
» circonfpection, de foin, de
» crainte que je pourrois faire,
» fi je fçavois qu'on dût trou-
» ver à redire à toutes mes ac-
» tions, & enfin de même que
» fe comporteroit un Miniftre
» fubalterne chargé d'un pou-
» voir très-limité.

Puifque le maître, pour XXXIII.
ainfi dire, du Royaume fe *Réflexion*
conduifoit ainfi, avec quelle *fur la con-*
circonfpection ceux qui ont *duite du Cardinal Mazarin.*

leur chemin à faire , & une réputation à acquérir , ne doivent-ils pas se conduire ?

XXXIV.
De la
prudence.

La prudence, dis-je, évitera les piéges, empêchera un Négociateur d'être trompé, ou amusé par les civilités, les caresses, les fausses remises, les protestations, les fêtes, les honneurs qui tendent quelquefois à traîner en longueur, ou à rendre les démarches inutiles.

Un homme prudent fermera enfin les yeux sur certains mécontentemens, lorsqu'il ne verra pas jour d'en obtenir la

réparation, & quand en la de-
mandant il pourroit compromettre le nom de son maître.
Il évitera sur-tout les entreprises trop hardies qui le peuvent exposer à un désaveu,
presque toujours injurieux pour
un Prince, & préjudiciable à
ses intérêts.

Deux vices sont opposés à la vraie prudence : vices d'autant plus nuisibles, que souvent ils osent se parer de son nom. Je veux parler de la fourberie, & de la timidité.

XXXV.
De la fourberie, & de la timidité.

La premiere détruit la réputation & le crédit. Toute

imposture & tout artifice criminel font indignes du caractere public.

XXXVI.
Ce dernier vice étouffe le germe des talens.

La timidité (*a*) étouffe le germe des talens, elle ne rend pas moins un Ministre incapable des fonctions de son emploi. Avec de l'esprit, il n'osera s'exprimer, ne sçaura prendre un parti, une réplique le démontera. Aigle dans son Cabinet, il sera embarrassé en Public; il craindra sans cesse les vaines démarches, & perdra le fruit des essentielles. La

____

(a) *C'est la timidité d'esprit que je peins.*

timidité l'empêchera de mettre heureusement en œuvre
les défaites utiles pour se tirer
d'un mauvais pas , pour prévenir la demande qu'il ne peut
accorder. Elle le privera de
cette politique ingénieuse ,
qui applanit les difficultés, &
retarde la conclusion d'une
affaire dont on ne pense pas
encore tirer assez de profit ;
enfin elle lui ôtera l'activité
en de certaines occasions qui
doivent être brusquées ; enfin
la timidité est le partage des
foibles génies, elle prend or-
dinairement naissance d'une
médiocre éducation ; il est peu

commun qu'un homme d'une origine illuftre, & élevé dans le grand monde, foit fujet à ce défaut. Il acquiert plus aifément qu'un autre les ma-

XXXVII.
De la vraie dignité.
nieres nobles, naturelles, polies, mais impofantes, qui forment la vraie dignité.

XXXVIII.
Conclufion du Difcours.
Je termine ce difcours par cette maxime : Dans tous états auxquels on fe deftine, rien de plus utile que de fe choifir un modele ; non pour le fuivre feulement, mais s'il fe peut pour le furpaffer. Cette ambition eft raifonnable, & eft permife. Ainfi une perfon-

ne qui se propose de ménager un jour les intérêts de sa Patrie, doit former son caractere sur les grands hommes qui ont excellés dans cet Art. Leurs succès & leurs fautes l'instruiront également. L'étude de l'Histoire fait fructifier, & donne plus d'étendue à tous les avantages naturels que j'ai pris pour sujet de ce Discours.

DISCOURS II.

De la conduite d'un Ministre envers son Souverain, & de sa conduite dans la Cour où il réside.

I.
Les divers Titres accordés à un Ministre inconnus à l'antiquité.

LEs Titres divers accordés aux Ministres étoient inconnus des anciens. Le droit des gens, sous le nom de *Legatus*, les faisoient jouir indifféremment des honneurs, & des priviléges attachés à leur caractere. Les Histoires saintes & profanes nous inſtruiſent des vengeances exercées ſur les Peuples violateurs de cette convention tacite, & reſpectable. Au reſte, dans l'antiquité les Nations peu liées entr'elles ignoroient les principes, les intérêts, les intrigues, qui ſous le nom de politique, empêchent une Puiſſance ambitieuſe de trop empiéter ſur ſes voiſins, & de leur donner la loi. Dans les alliances des Républiques Grecques, ſoit pour conſerver un équilibre entr'elles, ſoit pour s'oppoſer aux entrepriſes des Rois de Macédoine, ou pour ſe garantir de l'ambition des Perſes, nous trouvons quelques exemples de négociations ; par elles les Athéniens & les Lacédémoniens, toujours rivaux, font en guerre ou en méfiance, par elles naiffent les confpirations, & les guerres civiles en Perfe.

Mais comme les Grecs, loin de fe réunir contre une Puiffance entreprenante, violoient entr'eux leurs Traités, que la vertu y étoit fujette à l'oftracifme, que leur jaloufie réciproque l'emportoit fur le bien publique ; il n'eft pas étonnant qu'à la fin ils aient été affervis.

De même, loin de s'oppoſer par des confédérations aux vaſtes projets des Romains, les autres peuples ſe connoiſſoient à peine. Victimes de leurs démêlés étrangers ou inteſtins, ils ſe laiſſoient amuſer par les entremiſes d'un Sénat politique & ambitieux. Les Princes s'honorant du vain titre de bourgeois, & d'amis de Rome en devenoient les eſclaves.

Cette République, au contraire, auroit réuſſi difficilement, ſi ſes voiſins, en une juſte défiance, avoient fait réſider chez elle des Miniſtres

I I.
Utilité des Ambaſſades à réſidence.

pour les inſtruire de ſes projets, & ſi d'utiles Traités les
avoient unis entr'eux.

Sans cette ſage conduite,
les Monarchies chrétiennes
ſe trouveroient déſolées par
des guerres plus longues, plus
animées, ou plus fréquentes.
Il eſt vrai cependant que l'Europe n'a connu l'utilité des
Ambaſſades à réſidence que
depuis quelques ſiécles. Aupa-
ravant elles n'avoient rien à
redouter d'une Puiſſance ſu-
périeure.

III.
Situation
de l'Europe　Le pouvoir Monarchique
en France extrêmement reſ-
treint,

treint par les grands Vaſſaux, avant les regnes de François I. & de Charles V. par la Nobleſſe & par les Etats Généraux ; l'Eſpagne envahie par les Maures, ſes Princes naturels réduits à dominer ſur la Caſtille & ſur l'Arragon ; l'Italie en proye aux factions, les Empereurs moins puiſſans que le corps Germanique, & preſque toujours en funeſtes conteſtations avec les Papes ; des guerres civiles, des conjurations en Angleterre, les Peuples du Nord encore farouches & barbares, ne prenans aucune part aux affaires générales ; les Turcs occupés à conſerver leur nouvelle do-

mination, & enfin les célébres
manies des Croisades, qui faisoient céder au désir de recou-
vrer les saints Lieux, l'ambition de s'aggrandir ; toutes ces
diverses situations ne faisoient
point craindre à l'Europe aucun changement en son systê-
me politique.

IV.
Change-
ment qu'ils
produisi-
rent en Eu-
rope.

Mais au regne de François
premier & de Charles V, la
terre pour ainsi dire, changea
de face, les Souverains jaloux
de ces deux Puissances com-
mercerent plus intimement
entr'eux ; ils apprirent à connoître leurs vrais intérêts. De-

puis ce tems, ils participent selon leurs utilités respectives
aux démêlés des Maisons d'Autriche & de France ; ils cher-
chent à former entr'elles un
équilibre, & embrassent enfin
la conduite qu'auroient dû tenir dans l'antiquité ceux qui
pouvoient s'opposer à l'ambition Romaine.

Il n'y a qu'un Souverain qui
puisse acquérir le droit d'Ambassade. Qu'on me permette
de faire remarquer, que par
le terme d'Ambassade j'entens indifféremment les fonctions de tous ceux qui sont

V.
Il faut
être Sou-
verain,
pour avoir
des Mini-
stres pu-
blics chez
ses voisins.

chargés de pouvoirs de la part d'un Etat. L'uſage n'accorde le premier caractere qu'aux perſonnes envoyées de la part des Monarchies, & des Républiques de Veniſe & d'Hollande. Les autres Gouvernemens n'employent que des Miniſtres du ſecond Ordre. Il ſemble qu'au tems où Grotius, & Wicquefort ont écrits, cette diſtinction n'étoit pas généralement reçue.

V I.
Le Régent d'un Etat en peut avoir.　Le Régent d'un Etat, quoiqu'il ne ſoit pas Souverain, poſſede auſſi le droit d'Ambaſſade. Les Suédois donne-

rent le pouvoir au Chancelier Oxenſtiern d'expédier aux Miniſtres des Lettres de créances en ſon nom. Les Ambaſſadeurs Flamans des Archiducs furent reçus en France & en Angleterre, comme s'ils fuſſent venus de la Cour de Madrid.

Les Princes vaſſaux peuvent avoir des repréſentans auprès de leurs Seigneurs ſuzerains. On a vu en France des Ambaſſadeurs des Ducs d'Acquitaine, de Bourgogne, des Comtes de Flandres, des Rois d'Angleterre, comme Ducs de

VII.
De même les Princes vaſſaux.

C iij

Normandie, & des autres Feudataires de la Couronne. Les Electeurs, les Princes de l'Empire, les Villes Impériales ont leurs Agens près de l'Empereur avec tous les Priviléges accordés par le droit des gens, & les premiers, quoiqu'ils foyent les grands Officiers de l'Empire ; dignités qui femblent après elles entraîner une efpece de fervitude ; prétendant égaler les Rois, exigent à Vienne le titre d'excellence pour leurs Miniftres, lefquels veulent précéder ceux des Républiques. Cependant jufques à aujourd'hui cette prérogative

ne leur a point été accordée.
Les autres Princes qui composent le corps Germanique, en
différentes Diétes s'y sont opposés.

Ceux qui contractent des
alliances inégales, sans cesser
d'être indépendans, ont un
droit pareil. Il en est de même
de chacune des Puissances,
qui par une confédération perpétuelle forment un seul corps
d'Etat, & qui cependant chez
elles sont indépendantes. Ainsi
il n'est pas douteux que chacune des Provinces unies, ou
chaque Canton Suisse, jouissant

VIII.
Ceux qui
contrac-
tent des al-
liances iné-
gales, ont
le même
droit.

C iiij

dans son diſtrict des droits Ré-
galiens, ne poſſede au dehors
les Priviléges qui y ſont attachés.

I X.
Un Roi dé-
trôné peut
auſſi avoir
des Mini-
ſtres.

Un Roi détrôné, mais
n'ayant pas renoncé à la Couronne de ſes Ancêtres, eſt le
maître d'envoyer & de recevoir des Ambaſſadeurs. La
France reçut également un
Miniſtre de Charles II, & de
la nouvelle Républiqne d'Angleterre. Enfin ceux qui ſe
trouveroient Sujets en partie
de leur Allié, pourroient en
entretenir chez lui, par rapport aux Pays qu'ils poſſedent

en toute souveraineté. Il n'en est pas de même des Provinces entierement soumises ; quoiqu'elles ayent conservés la plûpart de leurs priviléges. Leurs Députés ne sont protégés que par les loix civiles.

Après avoir ainsi parlé des Ambassades en général, venons à la conduite particuliere du Ministre à l'égard de son Souverain , & à l'égard de sa négociation. Deux points de vue sous lesquels je rassemblerai les différens objets qui s'y rapportent.

X.
Division
du Dis-
cours.

C v

X I.
De l'étu-
de qui a
rapport à
la politi-
que.

Je suppose qu'une personne qui se destine au maniement des affaires, est parfaitement instruite des premiers principes qui y ont rapport. Ce sont l'étude de l'Histoire ; sur-tout celle des derniers siécles, à commencer du regne de Charles VIII. La connoissance des Traités, du génie des Nations voisines, de leurs Gouvernemens, de leurs mœurs, de leurs usages. Dès que cette personne se trouve employée, ces connoissances sont moins générales. Alors il faut qu'elle s'instruise à fond de la Cour où elle va réfider, des révolutions, des intrigues, des affaires qu'on y a traités, de ceux qui y ont eu part ; du génie du Prince, de celui des Favoris & des Miniftres, de leurs liaifons, de leurs vertus, de leurs vices ; tous objets importans d'où dépend la maniere d'être reçu ; en un mot ainfi qu'un Général habile connoît parfaiment la carte du Pays où il va porter la guerre, de même un Négociateur inftruit doit paroître avoir toujours habité la Cour dans laquelle on l'envoye.

C vj

XII.
Nécessité des Langues.

Ce seroit ici l'occasion de parler des langues ; il est singulier que leur utilité soit si peu connue du François ; sa vivacité naturelle seroit capable d'en saisir les principes ; & il est certain que de s'approprier l'idiôme d'une Nation chez laquelle on se trouve, c'est la flatter ; c'est pour ainsi dire en devenir membre, c'est se mettre plus à même de gagner sa confiance.

XIII.
Difficultés dans le début.

Le début n'est point au reste une chose aisée. Les instructions données par la plûpart des prédécesseurs, ne sont pas assez amples. L'amour propre l'emporte quelquefois en cette occasion, sur celui du devoir. D'ailleurs un Ministre peut, ou être rappellé malgré lui, ou fort regretté, ou peu considéré ; toutes raisons qui rendent épineux le commencement de son successeur.

Ce dernier sera certain de ne pas s'égarer, quand avec intelligence il sondera le terrain, cherchera à plaire par une humeur affable, & un extérieur ouvert, se ménagera des liaisons utiles à ses vues, verra souvent les grands, sçaura s'at-

XIV.
Conduite qu'il faut y tenir.

tirer l'eftime des autres, fera affidu près du Prince, ou près des principaux Magiftrats, fi c'eft un Etat Républicain, il évitera enfin les brigues, les difcuffions. Si un Miniftre étranger y prend part, il indif-pofe infailliblement les deux parties, qu'il lui eft enfuite difficile de ramener.

Mais que de peines fur tout n'a-t-il pas à furmonter, lorf-qu'en arrivant il fe trouve char-gé d'Ordres, qu'il prévoit ne devoir point être agréables au Gouvernement, ou à ceux qui le régiffent. C'eft alors, s'il eft expérimenté qu'il cherche à fe

» concilier les esprits, à agir
» sans humeur, afin qu'en exé-
» cutant sa commission, il ac-
» quiert au moins l'estime des
» personnes avec lesquelles il
» traite. Ce manége demande
» un homme consommé dans les
» affaires, & qui ait un grand
» usage du monde.

Wicquefort prétend qu'a-
vant de s'engager en des actions & des discours d'éclat,
le Ministre doit sçavoir si son
Maître a le pouvoir & la volonté de le protéger ; parce
que, dit-il, « un Prince puis-
» sant & sensible aux repro-

X V.
Critique
du senti-
ment de
Wicque-
fort, qui
prétend
qu'un Mi-
nistre peut
refuser de
se charger
d'une affai-
re périlleu-
se.

» ches, fur-tout s'ils font vrais,
» ne fe laiffe pas offenfer im-
» punément.

Je conviens avec lui, que le Miniftre informé avant fon départ du fujet de fa commiffion peut refufer de s'en charger ; fi fans efpoir d'être protégé, il juge qu'elle peut lui occafionner un dommage confidérable ; mais je ne crois pas que lorfqu'il eft en fonction il puiffe s'exempter de fuivre les ordres de fa Cour. Alors ces Ordres doivent être exécutés, quand même il feroit affuré qu'on l'abandonnera. Au refte plus à porté d'examiner l'affaire

que ne le font fes Supérieurs ;
la prudence lui fuggerera des
repréfentations pour faire mo-
dérer de tels ordres.

Les Princes Proteftans , qui
à l'occafion des Calviniftes
françois , firent tenir à Henri
III un difcours offenfant , ex-
poferent leurs Envoyés. Ces
Princes n'étoient point affez
puiffans , pour les venger.

Il eft vrai que la liberté de
parler eft un des premiers
droits du Miniftere ; mais que
de retenue n'y faut-il pas obferver ! C'eft une lâcheté de
ne pas foutenir avec force les

XVI.
De la li-
berté de
parler.

intérêts dont on eſt chargé ;
mais c'eſt auſſi une autre eſpece de trahiſon de ſe ſervir
d'une fermeté à contre-tems.
Ces Miniſtres Allemands devoient faire obſerver à leurs
Maîtres le riſque, & le ridicule
de leurs démarches. « Il y a une
» grande différence, dit Wic-
» quefort, entre la liberté de
» parler & la pétulence ; entre
» les reparties libres & ſpiri-
» tuelles, & les diſcours offen-
» ſans, entre les plaintes légi-
» times, reſpectueuſes, & des
» reproches groſſiers & impu-
» dens.

Arnauld d'Ossat avoit le talent de s'insinuer dans les esprits les plus difficiles, & de se faire écouter. La rapidité, & la force des raisons qu'employoit Duperon ne persuadoient pas seulement, mais enlevoient. L'un & l'autre étoient doués de ces génies supérieurs qui, comme des Phénomenes, ne paroissent que rarement sur l'hémisphere.

XVII. Caractere de d'Ossat, & de Duperon.

C'est un crime de ne pas suivre exactement les ordres exprès & réitérés, à moins que des événemens nouveaux, & inattendus n'y deviennent pré-

XVIII. Exactitude à suivre les ordres.

judiciables. En ce cas les ob-
jections judicieuses montrent
le risque, servent à la justifi-
cation, & ainsi le mauvais succès ne peut être imputé.

Il ne s'en suit pas toujours
que parce qu'une Négociation
n'a point l'issue désirée, le Ministre soit dénué de con-
noissances. Il y a de certains
incidens, que la plus vive sagacité ne peut prévoir, & souvent des personnes douées de
talens éminens ont échoué,
tandis que d'autres moins éclai-
rées réussissent. Le bonheur
influe autant sur la politique,
que sur la guerre. Lorsqu'en

XIX.
Le bon-
heur influe
autant sur
la politique
que sur la
guerre.

ces deux arts on a rempli fidé-
lement ce dont on étoit chargé, on est injustement rendu
responsable du succès ; mais un
homme méritera le blâme
quand il aura outre passé ses
ordres, quand faute d'en comprendre toute l'étendue, il
n'aura sçu les exécuter.

Au reste, il se passe souvent
des Ambassades entieres sans
négociations. Un Ministre n'en
est pas moins nécessaire à son
maître. Son emploi il est vrai,
n'est point si brillant ; mais il
n'a pas moins ses difficultés.
Entretenir la bonne intelligen-

X X.
On ne né-
gocie pas
toujours,

ce, diffiper les foupçons qui la
pouvoient altérer, ménager
les efprits, deviner les deffeins
contraires, prévenir les mauvais offices des Miniftres, des
Favoris, des Puiffances jalou-
fes & ennemies, n'eft-ce pas
un ouvrage affez pénible &
affez important ?

XXI.
De l'af-
fabilité, &
de l'efprit
de Cour,
utiles au
Miniftre.

Un Miniftre actif, & zelé
pour rendre à fa Cour des
comptes exacts, fera affable,
populaire dans un Etat républicain ; adroit Courtifan en
une Monarchie, dans un Pays
où les Grands gouvernent ; Il
fçaura fe former un parti, fla-

tera la vanité des uns, l'avarice des autres, s'attachera aux maisons dominantes, semera la méfiance, & la zisanie entre celles qu'il prévoit lui devenir contraires. Enfin dans toutes ces diverses situations, lorsque sa dignité n'en pourra être blessée, il affranchira prudemment les bornes trop étroites du cérémonial.

La familiarité, mere de la franchise, instruit plus souvent de ce qu'on veut sçavoir, que d'autres ressorts mis en usage. Mais tous ces moyens exigent de l'adresse, du discernement,

XXII.
De la maniere de s'instruire des nouvelles.

& de la circonfpection : ces qualités feules peuvent guider au milieu des rapports ampli- fiés, diminués ou falfifiés fe- lon le génie, les intérêts, le caractere de ceux qui les font. De combien de piéges & d'é- cueils alors ne doit-on pas fe garantir ; tantôt c'eft un mé- content, un néceffiteux, un partifan outré du miniftere ; tantôt ce font des gens qui, fidéles à leur Maître, feignent de le tromper pour le mieux fervir. Il exifte une autre ef- pece de perfonnes, defquelles un Miniftre habile tirera des éclairciffemens plus certains.

Ce

Ce sont des hommes de qualité que leurs alliances, ou leur rang attachent à la Cour ; quoiqu'ils ne possedent aucun emploi, leur considération les met à portée d'être informés de ce qui se passe, & ils parlent des affaires avec liberté.

La curiosité du Ministre éclairé ne se renferme point uniquement dans le Pays où il réside : rien de ce qui arrive dans le reste de l'Europe n'échappe à sa sagacité. L'esprit de combinaison saisit la conséquence des événemens qui, au premier coup d'œil, sem-

XXIII.
La curiosité d'un Ministre ne doit point être renfermée dans la seule Cour où il réside.

Tome I.   D

bloient peu remarquables. Enfin pour fervir fon Maître, le droit des gens lui permet les intrigues, les préfens, les féductions, pourvu qu'ils ne fomentent point des attentats criminels.

XXIV.
Danger de prendre part aux événemens domeftiques.

Mais lorfque le fyftême du Gouvernement change de forme, que ceux qui en tenoient le timon font difgraciés, prendre part à ces événemens, fans être certain du fuccès, c'eft compromettre inutilement le nom de fon Souverain, c'eft s'expofer à un défaveu. De certaines occafions délicates exigent, il eſt vrai, un parti décidé. Elles ſont inopinées, les inſtructions ne peuvent ſervir de guides, tout délai même devient dangereux & préjudiciable : c'eſt alors que doivent briller la prudence, & les talens. Cependant il ne faut pas que l'envie de ſe faire un nom faſſe naître, & faſſe bruſquer ces occaſions ; & il faut au contraire ne jamais perdre de vue cette maxime de Wicquefort : Les effets de l'ambition, du faux zele, & de l'imprudence, dit - il, ſont ſouvent auſſi dangereux que ceux de l'infidélité.

D ij

XXV.
De la sa-
gesse dans
les actions,
& de la sin-
cérité dans
les rap-
ports.

Enfin un homme chargé des intérêts d'une Puissance, ne sçauroit être trop sage dans ses actions, & trop sincere dans le compte qu'il en rend. Ses dépêches ainsi dénuées de partialité seront d'un stile net & naturel, les termes nobles sans paroître recherchés, les faits tels qu'ils sont, les réflexions sur l'usage qu'on en peut faire justes & courtes, les moyens proposés adroitement. Ces dépêches, en un mot, imiteront l'exactitude, la précision, la force, & l'élégance des Cardinaux d'Ossat, du Perron, de Mazarin, & du

Préſident Jeannin. Un Journal qui détaille exactement ce qui s'eſt paſſé en chaque Audience, & qui rend, ſi la choſe eſt poſſible, les propres termes du Prince ou du Miniſtre, eſt l'ame de ces dépêches.

L'exactitude, la vérité & la circonſpection, doivent également régner dans les correſpondances avec les autres Cours, ſur-tout en des occaſions délicates, qui pour le dépôt des paquets, exigent des perſonnes d'une probité reconnue. Le chiffre, quelque impénétrable qu'il paroiſſe, ne

XXVI.
Des corẛreſpondances avec les autres Cours.

l'eſt jamais pour ceux qui ſont intéreſſés à l'expliquer. Un célébre Mathématicien, ſous le regne d'Henri IV, découvrit le ſecret de la Ligue, malgré plus de cinq cens caracteres différens inventés pour le cacher, on doit avoir la même retenue à l'égard des papiers. Un Miniſtre les ayant journellement ſous ſa main ſe familiariſe avec eux, & acquiert plus d'aiſance en ſon travail. Il y en a de certains ſur-tout qui ne peuvent être vûs & lûs que par lui ſeul.

XXVII. Chiffres ſinguliers expliqués ſous le regne de Henri IV.

XXVIII. Un Mini-

Au reſte, ſoit qu'il reçoive des

ordres, soit qu'il rende compte, il doit soumettre ses lumieres à celles du Conseil, plus instruit des événemens du reste de l'Europe. Ce Conseil voit les suites de ces événemens, qui peu essentiels à l'égard d'un seul Pays, deviennent souvent d'une grande utilité aux affaires générales.

Aprèsavoirexaminé la conduite d'un Ministre vis-à-vis de son Maître, voyons celle qu'il tient en négociant. Je réserve pour le Discours qui suit celui-ci à parler du droit des gens, de ses immunités,

D iiij

stre doit soumettre ses lumieres à celles du conseil de son Maître.

XXIX.
De la conduite d'un Ministre en négociant.

& de leur juste étendue.

Seconde Partie.
XXX. De l'origine de la politique.

L'ambition, l'intérêt & leurs compagnes la fraude, & la méfiance n'avoient point encore établi leur despotisme sur les hommes lors des premiers siécles du monde. L'esprit guidé par la bonne foi ignoroit les finesses, les détours, les ambiguités, les propositions captieuses, & les sophismes qui, ensemble forment, qu'on me permette ce terme, la chicane de la politique. Mais depuis que des Citoyens heureux asservirent leurs compatriotes, que des Conquérans créerent

les Monarchies, que les riches-
ses & le luxe augmenterent les
besoins, traiter avec les hommes est devenu un art, les connoître une étude, & pour réus-
sir dans l'un & l'autre on ne
sçauroit trop avoir de justesse,
d'étendue & de penétration
d'esprit. Ces avantages donnent seuls les talens de la négociation.

Un Ministre qui réunit les
qualités dont je viens de parler, n'aura d'autre but que les
choses qui ont rapport à ses
vues. Il écartera les étrangeres,
& pour ainsi dire, il sondera

XXXI.
Quel doit
être le vrai
but d'un
Ministre en
négociant.

D v

le guet, dans les affaires dont
le succès lui semble douteux.
Il évitera sur-tout, de se mêler
des intrigues domestiques, de
s'intéresser aux démêlés que
les Sujets ont avec leur Maître.
Nous avons des exemples que
de semblables sollicitations ont
été mal reçues, & souvent dé-
favouées : d'ailleurs on souffre
rarement que les Etrangers
prennent part aux événemens
de l'intérieur d'un Etat. Evénemens qui instruisent de ses
vices, & de ses maladies.

XXXII.
Sçavoir
persuader

Le Négociateur, observant
une exacte neutralité à l'égard

de tout ce qui ne reſſortit point
à ſa commiſſion, perſuade plus
aiſément que l'intérêt de la
Souveraineté avec laquelle il
traite eſt inſéparable du ſuccès
qu'il déſire, ou au moins n'y
eſt point contraire.

de l'utilité d'une affaire.

Une utilité imaginaire ſçait
ſouvent vaincre la répugnance, l'irréſolution & les délais.

Le Cardinal Mazarin, pour
parvenir à ſes deſſeins, fit con-
venir le Miniſtre Eſpagnol du
bonheur qu'une union ſincere
entre les deux Couronnes leur
procureroit. Il lui dit, qu'il
étoit étonné qu'eux & leurs

XXXIII. Exemple tiré des négocia- tions du Cardinal Mazarin.

prédéceſſeurs n'euſſent point
faits juſques alors réflexion à
un objet ſi intéreſſant ; qu'il
n'y avoit aucun Prince de
l'Europe qui ne travaillât à
fomenter par ſes intrigues la
jalouſie , l'antipathie, & . la
défiance entre les deux Monarchies ; que cette conduite in-
diquoit celle qui devoit être
tenue ; puiſque leurs maîtres ,
loin de faire la loi, ſe mettoient
à même par leurs diviſions de
la recevoir ; que d'ailleurs les
progrès d'une des deux Puiſſances , la France ou l'Eſpagne,
ne ſeroient jamais capables de
ruiner ſi bien l'autre , que l'une

puisse être entierement subju-
gée par sa rivale.

L'intérêt est le moteur de
presque toutes les actions des
hommes. Les convaincre d'une
utilité même apparente, c'est
gagner leur confiance & leur
aveu.

A ce manége si essentiel au
début d'une négociation, il
s'en joint un autre non moins
difficile. Un génie hardi le
peut seul employer ; mais après
avoir étudié le caractere de
celui avec lequel il traite ; sans
quoi ce dernier déguisant aussi
ses sentimens, pourroit dé-

concerter son adverſaire, & ſe ſervir des mêmes armes. Cette adreſſe conſiſte en des demandes qu'on ſçait ne devoir pas être acceptées, & qu'on craint même d'obtenir. La propoſition faite à Dom Louis de Haro, de laiſſer le Roi de Portugal paiſible poſſeſſeur de ſes Etats, & de le reconnoître, peut être miſe de ce nombre. L'adroit & ruſé Plénipotentiaire offrit de la part de la France, pour prix d'un tel ſacrifice, la reſtitution génerale de ſes conquêtes. Il avoue en une de ſes Lettres, « que ja-
» mais il n'avoit vu Dom Louis

XXXV.
Exemple
tiré des
négocia-
tions du
Cardinal
Mazarin.

» fi ému qu'en cette rencontre
» où le feu, contre son natu-
» rel, lui monta au visage.

Le Cardinal Mazarin tiroit XXXVI.
de sa proposition deux avan- Réflexion à ce sujet.
tages. L'un faisoit connoître à
Dom Louis que les intérêts
de la Maison de Bragance
étoient précieux aux François,
& qu'ils espéroient beaucoup
du démembrement du Por-
tugal d'avec l'Espagne ; puisque pour le rendre durable le
Roi étoit prêt de renoncer à
ses heureux succès, & de réta-
blir M. le Prince dans tout ce
qu'il possédoit avant la guerre.

L'autre accéleroit la conclusion de la paix, en modérant
les Articles proposés par l'Espagne, qui ne craignoit rien
tant que la protection de la
France continuée au Portugal.
D'ailleurs le Ministre François
instruit de la vraie situation de
la maison d'Autriche, sçavoit
qu'elle seroit contrainte à la
fin de consentir à l'indépendance du Portugal ; & qu'outre ses conquêtes la France
jouiroit aussi de la gloire d'a-
voir maintenu la nouvelle Monarchie ; quoique par le Traité, elle sembloit l'abandonner.
C'est ainsi que le Cardinal fei-

gnoit de souhaiter vivement
ce qu'il auroit été fâché d'obtenir : voici de lui à ce sujet
une réflexion bien juste.

» Je considere quelquefois,
» que s'il y avoit un Ambassa-
» deur en ma place ; il ne pour-
» roit se résoudre à porter les
» affaires comme je fais ; mais
» il seroit beaucoup plus habi-
» le, parce que craignant d'ê-
» tre pris au mot, en offrant
» certaines choses, il appré-
» henderoit aussi d'être désa-
» voué, & rappellé avec peu
» d'honneur ; ainsi je vois que
» c'est un grand avantage pour
» les Rois ; quand ils emploient

» dans les grandes affaires des
» perfonnes, qui pleinement
» affurées de leur bienveillan-
» ce négocient hardiment, &
» n'héfitent point à propofer
» mille expédiens, pour les
» terminer avantageufement.

Il eft vrai que fon génie fé-
cond les lui offroit en foule.
Perfonne plus que lui n'avoit
l'art de faifir le principe d'une
affaire, d'en connoître le bu**,
de prévoir les obftacles, & de
trouver les moyens néceffaires
pour les furmonter. Efprit de
combinaifon que toute perfonne en place ne peut trop
défirer d'acquérir.

XXXVII.
Eloge du
génie de ce
Miniftre.

Que de manéges différens **XXXVIII.** *Diverses intrigues nécessaires à une négociation.* enfin ne faut-il pas employer dans le cours d'une négocia- tion ! sçavoir la présenter sous un point de vue avantageux ; entre plusieurs expédiens con- noître le meilleur ; n'être point si entêté de son projet, qu'on ne puisse l'abandonner dès qu'il paroît impossible ; atten- dre un moment plus heureux, sçavoir en profiter ; ne point se décourager : le grand usage du monde, & celui des affaires peuvent seuls instruire de ces finesses. Bien parler, & encore **XXXIX.** *De la maniere d'écouter.* mieux écouter, est d'autant plus utile qu'il arrive rarement

de traiter par écrit, cet ufage eft trop dangereux, & rend prefque toujours les fautes de conféquence. On ne fe fert de la plume que lorfqu'on eft d'accord d'un fait, ou pour le rédiger.

XL.
Maxime,
qui a rapport à ce fujet, de la Rochefoucault.

» Il n'y a prefque perfonne, » dit M. de la Rochefoucault » en une de fes maximes, qui » ne penfe plutôt à ce qu'il » veut dire, qu'à répondre » précifément à ce qu'on lui » dit; les plus habiles & les plus » complaifans, montrent une » mine attentive, au même » tems qu'on voit dans leurs

» yeux & dans leur efprit, un
» égarement pour ce qu’on leur
» dit, & une précipitation à
» retourner à ce qu’ils veulent
» dire, au lieu de confidérer que
» bien écouter & bien répon-
» dre, eft une des plus grandes
» perfections qu’on puiffe avoir
» dans la converfation.

Cette maxime qui ne fem- **XLI.**
ble être faite que pour la fo- **Réflexion**
ciété civile, eft encore plus **à ce fujet.**
effentielle à ceux que des em-
plois publics font paroître au
grand jour : rien n’échappe
en effet à la fagacité d’une
perfonne qui fçait écouter.

Elle lit dans l'intérieur de l'a-
me, elle recueille avec soin les
paroles de peu de conséquence, pour des personnes moins
attentives, mais pour elle d'u-
ne grande utilité. Tout l'instruit, le silence, le souris, le
regard, le geste. Le Cardinal

XLII.
De l'at-
tention du
Cardinal
d'Ossat.

d'Ossat étoit tellement atten-
tif, qu'il rendoit compte en ses
dépêches des moindres paroles, & de toutes les circonstances. Rien n'est plus favorable
que de soumettre de bonne
heure son esprit à cette méthode. Les termes perdent
souvent leurs forces, quand
on ne les rend pas ainsi que

les ont employés ceux avec
lesquels on a conféré. Dans
presque toutes les Cours on
traite de vive voix, excepté
chez les Républiques. A Ve-
nise le Sénat répond par écrit
au Mémoire présenté par l'Ambassadeur. On envoye chez lui
un Secrétaire, qui dicte cette
réponse à celui du Ministre ;
mais il ne peut lui confier
la minute sous peine de la vie.
En Hollande le Greffier, ou
un de ses Commis, lit les Mémoires dans l'Assemblée, lesquels font envoyés à ceux des
Députés chargés de les examiner & d'en faire le rapport.

Les Etats Généraux dreſſent enſuite leur réſolution ſignée du Préſident, enregiſtrée & contreſignée par le Greffier, chargé de la communiquer au Miniſtre.

XLIV.
Condui-
te tenue à
ce ſujet à
Munſter.

Hiſtoire
du Congrès
de Munſter
par le P.
Bougean
Jeſuite.

Au Congrès de Munſter, les premieres propoſitions des François furent confiées au papier ; mais cette méthode donnant l'être à pluſieurs ré-ponſes & répliques, retardoit la concluſion des affaires. La Cour défendit à ſes Mi-niſtres l'uſage des Mémoires, & telles inſtances qui leur furent faites depuis, ils ne com-muni-

muniquerent par écrit que les demandes & prétentions. Tout le reste, près des médiateurs, fut discuté de vive voix.

Au reste le titre de Plénipotentiaire ne donne aucun nouveau caractere aux Ministres ; mais désigne seulement l'étendue de leur commission. Ils ne peuvent être regardés que comme des personnes protégées du droit des gens, & chargées d'un ample pouvoir, à l'effet de ménager & de conclure les Actes publics entre les Souverains.

XLV.
Du titre de Plénipotentiaire.

Tome I.					E

XLVI.
Précau-
tions à
prendre
dans les
Traités.

Ces conventions font de di-
verfes fortes, ainfi que je le
dirai dans le difcours fur le
droit des gens; je n'indique
en celui-ci que les précautions
néceffaires à prendre pour donner à de tels engagemens plus
de folidité, & pour, autant
qu'on le peut, en écarter la
chicane; car ne lui laiffer aucune entrée, j'ofe le dire, eft
une chofe prefque impoffible.

Les termes employés dans
un Traité font d'une conféquence extrême : on ne fçauroit les examiner avec trop de
foin,

Une clauſe, ou une condition eſſentielle inſérée en un Article ſéparé ou ſecret n'eſt valable, qu'en ſtipulant que cet Article aura la même force, que s'il avoit été dicté mot à mot dans l'inſtrument général de la paix.

Les Seſſions, ſans être détaillées, ſont toujours ſujettes à conteſtations. On les évitera, en exprimant les noms particuliers de toutes les Villes, Places, Bourgs, Villages, Hameaux, Cantons, Métairies, Ruiſſeaux, &c. ſur tout lorſque quelques-uns peuvent ſervir de bornes. Il faut parler des dépendances & appartenances, & faire connoître ce qu'on entend par ces derniers mots. On peut remarquer à ce sujet la forme des Articles 35 , 36 & 37 , du Traité des Pyrennées. Je cite celui-ci ; comme se trouvant le moins défectueux (*a*).

XLVII. Celui des Pyrennées doit servir de modele.

L'adresse & l'expérience ne négligeront point les moindres particularités qui peuvent servir à la gloire du Maître, & à son intérêt.

(*a*) On peut comparer ceci avec l'Extrait du Traité qui se trouve à la fin de l'Ouvrage.

La Place d'Avesnes étoit
pour le Roi d'une si grande
conséquence, qu'afin de l'acquérir en toute Souveraineté,
ce Prince auroit volontiers in-
demnisé Monsieur de Chimay,
auquel elle appartenoit. Cependant le Cardinal Mazarin
trouva le moyen de charger
de l'indemnité le Roi d'Espagne. On devoit restituer le Ca-
non, & les munitions de
guerre des Places évacuées ; le
Ministre françois sçut cependant obtenir Avesnes avec
l'Artillerie & les munitions de
guerre, qu'il y avoit lors du
siége de Valenciennes, en

échange de celles qui, mais en plus petite quantité, se trouveroient à Juliers aux Armes de cette Ville, & aux Armes de Cleves.

Il obtint aussi qu'aucun des Lieux qui resteroient sous la domination Espagnole entre Avesnes & la France, ni entre cette Ville, & les autres Places cédées ne seroient fortifiées.

Il fit passer adroitement le Fort d'Hennin, pour une dépendance de Gravelines; quoique dans les Préliminaires on ne le reconnut pas pour tel, & qu'on eût refusé de laisser cette Place à la France.

A l'égard des Terres qui
dans le Roussillon, & en deçà
des Monts, devoient servir de
nouvelles Frontieres entre les
deux Monarchies ; le Cardinal
dans le Traité glissa ces mots :
» Ce sont ces Monts qui sépa-
» rent de toute ancienneté les
» Gaules avec l'Espagne.

Cette explication utile rend
de ce côté à la France ses anciennes bornes, & les désigne
nettement.

Enfin, quoique pour le bien
de la paix, le Cardinal fut ré-
solu de se relâcher sur la pos-
session de Philippeville, &
qu'il en eut l'ordre ; cepen-

dant sans rien hazarder, il eut l'art de si bien contester, qu'il acquit à la France cette Place importante.

Tous termes ambigus ne peuvent être laissés dans les Traités, sans une explication. Afin de terminer les différens entre les Ducs de Savoye, & de Mantoue, sur la dot de l'Infante Marguerite ; le Plénipotentiaire Espagnol voulut que le Duc de Noailles, & le Comte de Fuensaldaigne médiateurs à ce sujet, négociassent un ajustement entre les Commissaires de Savoye, & de Mantoue. A la suite de l'Article qui leur en donnoit le pouvoir, Dom Louis subtilement avoit mis ces mots : » Et autres interêts.

Ces deux mots ne se pouvoient rapporter qu'au Traité de Querasques, & étoient capables de renverser, ou au moins de mettre en doute, ce qui à l'égard de son exécution, étoit arrêté dans un autre endroit de celui des Pyrennées.

Le Cardinal Mazarin s'apperçut du piége, & y remédia. Mais bientôt il se vangea des Espagnols qui avoient ainsi voulu finasser avec lui, & sans que ceux ci s'en apperçussent, au lieu de mettre le Traité de Querasques, il écrivit : » Les Traités de Querasques.

Pour connoître l'utilité de cette adresse ; il est nécessaire de sçavoir qu'outre la convention publique en faveur des interêts des deux Maisons de France & de Savoye, il y en avoit une autre particuliere qui donnoit Pignerol au Roi. Elle se rapportoit à la premiere, en ce que S. M. s'y obligeoit de payer au Duc de Mantoue quatre-vingt quatorze mille écus d'or, afin de l'indemniser d'un certain nombre de Terres que le Duc de Savoye possédoit en échange de Pignerol.

Ainsi l'habileté du Cardinal rendoit l'Espagne garante des deux Traités en même-tems. Voilà l'avantage d'une Lettre de plus, quand on a l'art de la placer.

A l'égard des secours, & autres Traités auxquels des alliés s'engagent réciproquement ; si ces alliés omettoient la clause que de tels Actes ne dérogeront point aux précédens contractés entre les Parties, ou avec d'autres. Ces anciens Actes se trouveroient annullés par les nouveaux. Tou-

tes conventions font anéan-
ties par les poftérieures , d'une
maniere au moins tacite , lorfque dans leurs derniers engagemens , les Souverains ne
parlent point de ce qu'ils ont
traités enfemble. C'eft la raifon pour laquelle , à la fuite
d'une guerre , les Actes anté-
rieurs font rappellés ; parce
que l'état de guerre détruit naturellement toutes preuves d'a-
mitié , d'alliances , & de confédérations , & qu'il fait ren-
trer les Puiffances dans leurs
prétentions refpectives.

XLVIII.
Les Sou-

Au refte je ne fuis pas du

sentiment de certains Juris-consultes. Ils prétendent que les Rois, & même ceux de France usufruitiers de leurs Etats s'obligent seuls, & non leurs successeurs. verains s'o-bligent, eux & leurs suc-cesseurs.

La personne morale doit être entendue préférablement à la personne Physique. C'est cette premiere qui s'engage par l'organe de l'autre. Le corps de l'Etat ne change pas dans les Monarchies, dans les Ré-publiques, dans les Souverai-netés à tems, ou électives ; quoique les personnes qui les gouvernoient ne vivent plus, ou qu'elles ne se trouvent plus à la tête des affaires. Le défaut de ratification, la rupture ouverte, l'expiration d'un tems limité font feuls capables de détruire toutes conventions publiques.

XLIX.
Des rangs
& des titres
entre les
fouverains.

Les rangs & les titres ont fouvent occafionnés des conteftations. On eft à préfent affez d'accord fur ces deux points.

Pour les rangs, lorfque les deux parties ont le même dégré de Souveraineté, chaque Miniftre fait précéder le nom de leurs Maîtres, & les leurs dans les inftrumens de paix

qu'ils se délivrent de part &
d'autre.

Pour les titres on employe
également celui de Sacrée Majesté, & à l'égard des Litigieux,
on insere une clause par laquelle les titres, & les qualités
qui se trouvent énoncés ne
peuvent préjudicier aux deux
contractans.

Les Plénipotentiaires de
l'Empereur au Congrès de
Munster craignoient que les
François ne renouvellassent
leurs anciennes prétentions,
& que le Roi ne voulut précéder ce Prince ; parce que les

L.
Crainte
des Mini-
stres Autri-
chiens au
Congrès de
Munster.

François avoient jadis soute-
nus que jusqu'à ce que l'Empereur ait reçu la Couronne
des mains du Pape, il ne pouvoit être regardé que comme
Roi des Romains. Les Ministres d'Espagne de leur côté
étoient persuadés que ceux de
France insisteroient à obtenir
pour leur Maître la préséance
sur Sa Majesté Catholique.
Afin d'éviter une discussion,
les Impériaux consentirent que
jamais ces mots : « L'Empe-
» reur & les Couronnes ne se-
» roient insérés en un même
» écrit, que lorsque l'Empereur
» y auroit été nommé, que

» la qualité de Majeſté ſeroit
» commune entre les deux
» Souverains, & que dans les
» projets que les Plénipoten-
» tiaires françois feroient com-
» muniquer aux Allemands,
» ils ſigneroient au lieu le plus
» honorable, de même que
» ceux-ci uſeroient à l'égard
» des François. » Au reſte la
crainte des Miniſtres Autri-
chiens me paroît aſſez mal fondée. L'élection Impériale ne
reçoit ſa validité que par un
conſentement unanime d'une
Diéte libre, & non du Cou-
ronnement du Pape. Le conſentement du Pontife ne peut

être confideré que comme un acceffoire, & une fimple cérémonie. Les fucceffeurs de Charles V, pour avoir fecoué le joug de cet ancien ufage, n'en ont pas été moins reconnus pour légitimes Empereurs.

L'inquiétude des Efpagnols étoit plus jufte. Ils devoient s'attendre à fe voir refufer une préféance uniquement due à la Monarchie françoife, & qui fous le regne dernier, lui a été confervé d'une maniere fi glorieufe.

LI.
Des ga-
renties.
L'ufage des garenties entre les Puiffances, n'eft pas ancien.

Avant, elles étoient données par des Seigneurs, sujets de chacune des parties contrac-tantes. Ces conservateurs de la paix, ainsi nommés, s'en-gageoient non-seulement de ne pas servir leur Souverain s'il violoit le Traité ; mais en-core d'armer contre lui. Telles sont énoncées les anciennes conventions , & principale-ment celles entre François I & Charles V.

On se sert assez communé-ment de la Langue françoise, à moins que les deux parties d'une dignité égale n'insistent

LII. Les Trai-tés sont écrits en latin , & le plus sou-vent en sançois.

à vouloir que les Actes féparés foient écrits chacun en leur langue ; ainſi que dans le Traité des Pyrennées, & en d'autres. Ceux avec l'Empire ſont conçus en latin. Ce n'eſt pas cependant une regle ſans exception. Nous en trouvons en françois ; mais avec cette clauſe que les parties ne prétendent, par cette tolérance nuire à l'ancienne coutume.

LIII.
Des Préliminaires.

En parlant des Traités, j'y comprend les Préliminaires ; ceux-ci ont beaucoup de rapport aux compromis , que, pour des affaires particulieres fignent entr'eux des Procureurs. Ces Préliminaires qui furmontent les principales difficultés coûtent plus de tems, de foins, de peines à conftruire que les Traités mêmes.

On n'ignore pas que les premieres conférences tenues à Hambourg, avant celles de Munfter, furent très-épineuſes. Des années s'écoulerent, fans que les parties belligerentes fuſſent même d'accord du lieu du Congrès.

Ces Préliminaires font d'abord dreſſés par des Miniſtres

LIV.
Utilité des
Miniſtres
du fecond
Ordre.

du second Ordre, ou même par des perſonnes qui publiquement ne ſemblent point être avouées. Les uns & les autres ont bien plus de facilité que n'en auroit un Ambaſſadeur. Le cérémonial dû à ſon caractere, & ſes démarches obſervées ſe trouvent preſque toujours contraires à la libre entrée du Cabinet, ſur-tout lorſqu'une curioſité ſuſpecte en doit être écartée.

L V.
Exemple tiré de la paix des Pyrennées.

Meſſieurs de Lyonne à Madrid, & Pimentel à Paris, avoient de beaucoup avancés les affaires, avant que les premiers

Miniſtres des deux Couronnes ſe fuſſent abouchés ſur la frontiere. Le Traité de Queraſque & les Préliminaires de la paix de Weſtphalie, furent négociés par de ſimples Commiſſaires.

Au reſte pour trouver la juſte interprétation de tous Traités, conventions & Actes publics, je me ſervirai des préceptes de Puffendorf.

LVI.
Maniere
d'interpré-
ter les Trai-
tés.

Il faut avoir, dit-il, recours aux vrais ſens des termes uſités, & aux conjectures. Ces conjectures ſe peuvent tirer de la nature même des choſes

dont il s'agit, des effets, des
suites qui résulteroient d'un
certain sens, de sa conformité
avec d'autres termes qui ne
sont pas équivoques. Pour découvrir ce certain sens, on mé-
dite sur les motifs, les vues,
& le but de la convention.
Toute interprétation contraire
à ce but doit être rejettée.

LVII.
Du Mé-
diateur.

Je termine ce discours par le
Portrait du Médiateur. Il fera
connoître les qualités nécessaires à une commission aussi délicate ; sur-tout lorsque celui
qui l'exerce, représente un
Prince puissant, & jaloux de
ses

ses voisins : c'est l'emploi le plus glorieux, & j'ose le dire, le plus délicat du ministere.

En effet, il en devient ou le triomphe ou l'écueil. C'est alors que la souplesse, l'insinuation, & l'esprit conciliant, dont j'ai parlé en mon premier Discours, sont si nécessaires.

Une personne équitable, chargée de ramener les esprits, se met pour ainsi dire au milieu d'eux. Le nom de son emploi en désigne la fonction.

LVIII.
De sa conduite.

La modération, la patience, la candeur, qui en sont les attributs, se connoîtront

Tome I. F

dans ſes actions, dans ſes paroles, & juſques dans la conduite de ſes Domeſtiques. Jamais un ſage médiateur ne fera
des propoſitions, qui le rendant ſuſpect & inutile, pourroient déplaire à l'une des parties. Il acquérera la confiance,
découvrira les vrais ſentimens,
ne donnera que des avis indi-
rects, avec la plus grande ré-
ſerve, & à l'avantage commun.
Secret ſur les choſes, qui dans
le particulier lui auront été
confiées, il ne remettra qu'en
même tems les propoſitions,
afin de ſe prêter à la délicateſ-
ſe, & à une certaine vanité ſi

contraires aux premieres avan-
ces. Il laiſſera aux Plénipotentiaires le ſoin de dépêcher
les Couriers. Il uſera d'une
grande circonſpection à l'é-
gard de ceux qu'il enverra à
ſon Maître , & enfin pour
éviter toute ſemence de jalouſie & de ſoupçons, les dépêches concernant la médiation ſeront communiquées
également aux deux parties.

Au reſte un Prince uniquement dirigé par ſon intérêt,
ou par celui des perſonnes qu'il
veut favoriſer , ne mérite pas
le nom de médiateur ; mais ce-

lui d'un ennemi d'autant plus à craindre qu'il cache , pour me fervir de cette figure , un poignard fous des branches d'olivier.

LX.
Conduite ambigue du Roi de Dannemarck, à l'égard de la Suéde.

La médiation du Roi de Dannemarck entre l'Empereur & la Couronne de Suéde àvoit été acceptée à Ofnabruk. Mais les intelligences fecretes que ce Prince entretenoit à Vienne, fes négociations en Mofcovie, la jaloufie qu'il marquoit des profpérités des Suédois, leur rendirent fon entremife fufpecte. Ils y renoncerent d'une maniere fi éclatante , qu'en

1644 ils armerent contre lui.

Les Souverains qui ne se sentent point à l'abri d'une conduite semblable ne peuvent être trop réservés à offrir leurs médiations.

Elles seront toujours glorieuses & équitables entre les mains du Prince qui, satisfait de donner des loix à des Provinces florissantes, & de se rendre le pere d'un peuple belliqueux, fait céder ses intérêts à la félicité de ce peuple. Les pertes qu'auroient occasionnés les Turcs à l'Empereur Charles VI, auroient été trop préju-

LXI.
Eloge du Roi, à l'égard de sa médiation entre l'Empereur & les Turcs.

dicieuſes à la Religion. Le Roi
ne vouloit point à ce prix l'a-
baiſſement de la maiſon d'Autriche. Les infidéles fiers de
leurs conquêtes menaçoient
d'envahir toute la Hongrie,
& de pouſſer la guerre juſques
aux portes de Vienne. Ce
grand Prince par ſon entre-
miſe, ſçut arrêter les progrès
de la Puiſſance Otthomane,
la fit conſentir à une juſte ſa-
tisfaction ; enfin les Chrétiens
& les Infidéles admirerent également & ſa juſtice, & ſa ſageſſe.

ESSAIS
POLITIQUES.
SECONDE PARTIE.

DISCOURS
PRÉLIMINAIRE.

C E u x qui lisant l'His-toire ne s'attacheront uniquement qu'aux faits & aux époques, pourront un jour disserter sur la Chronologie ; mais parviendront

Peu de personnes lisent simplement pour s'instruire.

rarement à des connoissances plus essentielles. Le vrai but de l'Histoire est de nous perfectionner en nous inspirant les vertus de nos prédécesseurs, & en nous rendant leurs vices odieux. S'il est essentiel au commun des hommes de méditer sur ces deux objets, à plus forte raison doivent s'en occuper ceux qui par leur naissance, par leurs talens, peuvent aspirer à des emplois distingués. Des passions du cœur dépendent les événemens; ils s'y rapportent tous, pour s'instruire des ressorts divers qui font mouvoir les actions humaines, il faut donc qu'on me permette ce terme, faire l'Anatomie de ces paſſions, arracher au vice le maſque de la vertu, dont il ne poſſéde que trop l'art de ſe parer.

Enſuite, en combinant les actions, on verra dans celles qui ſe reſſembleront, & qui auront cependant un dénouement différent, la cauſe du ſuccès, ou les fautes qui ont empêché leur réuſſite. C'eſt le ſeul moyen de ſe former l'eſprit, de le rendre juſte & capable un jour des affaires les plus épineuſes.

La combinaiſon acquiert des connoiſſances.

F v

Deux révolutions célébres arrivées au commencement du dernier siécle, s'offrent à ma mémoire. La premiere mit sur le Trône de Portugal la maison de Bragance ; la seconde fut le berceau d'une République illustre, qui dès sa naissance, s'est rendu redoutable par son industrie, son commerce & ses forces Maritimes.

Chez les Portugais (*a*) une Princesse douée d'un esprit trop vaste pour demeurer sujette, veut regner & force son époux, effrayé d'une si haute

Parallele des deux révolutions de Portugal, & de Flandre.

______

(*a*) La Duchesse de Bragance.

entreprise, de se mettre la Couronne sur la tête. Chez les Flamands, un Prince (*a*) qui, par ses vertus civiles & guerrieres, auroit mérité la souveraine puissance, se sert du prétexte de la liberté pour établir sa domination, & modeste par nécessité (*b*), il ne reçoit que le titre de Général.

Le Conseil de Madrid, trop tranquille sur l'une de ces ré-

Fautes commises par le Conseil de Madrid.

(*a*) Prince d'Orange également ambitieux.

(*b*) La haute Noblesse de Flandres n'auroit jamais voulu recevoir des loix du Prince d'Orange en qualité de Souverain. Il en avoit le pouvoir sans le nom-

F vj

volutions, ne la traita d'abord que d'une simple émeute, & d'un mécontentement populaire (*a*), & songea à y remédier lorsqu'il n'en étoit plus tems.

En Hollande, au contraire, il usa d'une extrême rigueur. Chaque jour étoit marqué par de nouveaux supplices. Tant de sang, au lieu d'éteindre l'embrasement, ne fît que le rendre plus vif. La présence de Philippe II, même sans Ar-

---

(*a*) Ce sont des gueux, Madame, disoit le Duc d'Ascot à la Duchesse de Parme, Gouvernante des Pays-bas.

mée, la restitution de leurs priviléges faite à la Noblesse, & aux Villes, auroient dès son origine étouffé le désordre.

Deux Conquérans fameux se sont également distingués, & ont chacun porté l'héroïsme à l'excès. Alexandre à la tête d'une Armée, précedée de la victoire, pousse ses conquêtes jusques dans les Indes. Tous les petits Etats dont il s'empare, mais qu'il rend aussi-tôt à leurs légitimes Maîtres, dont il se fait des Alliés, le mettent à même d'attaquer & de vaincre Porrus, seul digne de lui résister.

Parallele d'Alexandre le Grand, & de Charles XII Roi de Suéde.

Charles XII valeureux comme lui, mais moins sage Capitaine, après avoir défait les Danois, les Moscovites, après avoir donné la loi à la Pologne, intimidé l'Empereur & le corps Germanique, s'engage témérairement dans l'Ulkraine, & plutôt en Chef de parti qu'en Conquérant, sans connoître le Pays, sans pourvoir aux subsistances, se fait battre par ces mêmes Moscovites, qui peu de tems avant n'osoient paroître en campagne, & se voit ainsi obligé d'aller mandier le secours des infidéles.

Veut-on se former à la politique, c'est dans les célébres ministeres des Cardinaux de Richelieu & Mazarin, qu'il faut chercher les connoissances qui lui sont propres. Richelieu vainqueur de l'Espagne, de l'héréfie & des Grands, affermit la puissance de nos Rois, établit le calme dans l'intérieur de l'Etat, & le fait respecter au dehors. Mazarin moins ardent, moins absolu & moins sanguinaire, mais peut-être plus prudent, met la derniere main à l'ouvrage de son prédécesseur, par des négociations heureusement entamées, & suivies d’un plein succès. Les Histoires de ces deux hommes illustres ne sçauroient être trop lues, & on y trouvera des exemples à suivre, & même des fautes à éviter.

C’est ainsi qu’il faut user du goût de la lecture. Tous ceux qui tiennent une conduite différente, chargent inutilement leur mémoire d’une frivole Gazette.

Du danger de certains Livres.

Si les Livres ornent l’esprit & instruisent, ils font quelquefois dangereux, lorsqu’on n’a pas l’art d’en faire un bon choix. On ne sçauroit trop

éviter ceux où il exiſte un eſprit de parti. Ils ſont dictés ou
par un eſpece de culte fanati-
que, ou par l'animoſité, & par
d'autres vices non moins mé-
priſables, & ainſi les faits y
ſont preſque toujours altérés.
Ces deux extrêmes, font que
nous n'avons pas, je crois, une
hiſtoire bien exacte du dernier
regne. Les Auteurs de l'antiquité ne ſervent qu'à tirer des
exemples de ce que nous
voyons dans les Livres modernes ; ces derniers doivent être
lûs & étudiés avec plus de
ſoin, comme étant plus utiles.

Les Ouvrages politiques demandent sur-tout un grand discernement, nous n'en possédons gueres en ce genre de bien parfaits, & qui soient dégagés de toute partialité.

Les Livres de Grotius & de Puffendorf (a), font merveilleux, & ornés de la plus pro-

---

(a) Machiavel & Heblos, sous le vain & faux prétexte que le bien de la Société n'a rien de commun avec le bien essentiel de l'homme, qui est la vertu, établissent pour seules maximes de gouvernement la finesse, les stratagêmes, le despotisme, l'injustice & l'irréligion. Grotius & Puffendorf plus modérés, ont travaillé dans le seul dessein d'être utiles à la Société, &

fonde érudition. Je voudrois cependant, dans le premier, moins de fécherefle & moins de citations qui, toutes belles qu'elles font, font fouvent perdre l'objet & le texte de vue. Le fecond a fçu fe garentir de ce défaut. Barbeyrac

---

ont rapporté prefque tout au bonheur de l'homme, confidéré felon le civil. Des loix de la nature & des Nations, loix équitables, généreufes, pleines d'humanité, naiffent l'amour des Etrangers, la confiance mutuelle entre les Nations voifines; la bonne foi, la juftice & la paix entre les Princes de l'Univers, comme entre les particuliers de chaque Etat, & ce font ces divers objets que les deux Philofophes modernes ont réduits en principes.

leur Commentateur, ne peut cacher son aversion pour l'Eglise Romaine, & dans sa Préface, qui d'ailleurs est un fort beau morceau, il donne un champ trop libre au fiel calviniste. Avant que de lire les Traités à commencer par ceux conclus sous le regne de François I, il est nécessaire d'étudier les négociations qui y ont donnés lieu, de même que le Testament politique du Cardinal de Richelieu, & celui de M. Colbert, concernant les Finances. Les négociations des Cardinaux d'Ossat, Duperon, du Président Jean-

nin, & du Marquis de Sylle-
ry Brulard, ſont des Chefs-
d'œuvres; & celles de Weſtphalie, des Pyrennées, de
Nimegue & d'Utrecht, ont
trop de rapport aux affaires
préſentes pour devoir être
négligées.

DISCOURS

Sur quelques Points principaux du droit des Gens.

CE seroit une témérité, & m'engager dans un Ouvrage de Jurisprudence, que de vouloir rassembler en un Discours toutes les maximes du droit des Gens; d'ailleurs Grotius & Puffendorf, de qui j'emprunte ce que je vais dire, n'ont rien laissé à désirer sur un objet aussi important, & l'ont présenté dans le plus beau jour.

Le culte dû à la Divinité;
l'établiſſement des Sociétés civiles, les devoirs qu'exigent le
droit des Gens dans les hoſtilités envers l'ennemi, & dans
la paix à l'égard des Miniſtres
publics, ſont les points principaux que je vais traiter.

I.
Diviſion
de ce Diſ-
cours.

Il y a trois ſortes de droits
humains, ſelon Grotius; le civil, le droit humain moins
étendu que le civil, & un autre plus étendu. Le civil pro-
vient de la Puiſſance qui gouverne l'Etat; le droit humain moins étendu que le
civil lui eſt ſubordonné, quoi-

I I.
Défini-
tion des
trois diver-
ſes ſortes
de droit hu-
main, par
Grotius.

qu'il ne tire point de lui son origine. C'eft le pouvoir d'un pere fur fes enfans, d'un maître fur fes efclaves, & fur fes domeftiques, d'un mari fur fa femme. Le droit humain plus étendu que le civil, eft le droit des Nations.

Ce droit eft l'effet de la volonté de tous les Peuples, ou du moins de plufieurs. Œuvre du tems & de l'ufage, il fe prouve par la pratique perpétuelle, ou par le témoignage des Experts. Enfin, pour le définir en peu de mots, c'eft la raifon humaine mife en préceptes.

Cette

Cette raison établit, pour premier objet le culte dû à la Divinité, & elle est le fondement des loix naturelles & civiles, & généralement de tout ce qui contraint la volonté des hommes.

La sensation est le principe de tous les avantages donnés à l'ame. Un enfant dès que ses yeux deviennent assez forts pour soutenir la lumiere, apperçoit par le secours de la sensation la diversité des premieres couleurs ; il connoît sa nourrice, lui sourit ; mais ne peut faire la différence de ce

Premiere Partie.

Du culte intérieur, & extérieur.

III.

De quelle maniere agit la faculté intelligente, qui conduit par la connoissance de soi-même à celle de l'être suprême.

Tome I.　　　　　G

qui lui eſt utile, & de ce qui lui eſt pernicieux. L'ame, pour ainſi dire, enveloppée encore dans un nuage épais, ne le pourra diſſiper que lorſque l'âge aura donné plus de vigueur aux organes de ce petit corps. Alors la ſenſation met en mouvement la faculté innée, & intelligente, qui ſe trouvoit comme engourdie dans la matiere. L'opération de cette faculté ne ſe fait cependant que par gradations, & à meſure que les organes deviennent en état de la recevoir. Elle apprend à l'homme à connoître le bien & le mal, à réfléchir ſur ſa propre exiſtence , ſur ces globes de feu, qui éclairent & ornent l'Univers, ſur les miraculeuſes productions de la nature ; & ces réflexions le conduiſent naturellement à connoître ſon Créateur , le grand ouvrier de ces merveilles. L'homme enſuite ſçait bientôt que Dieu lui a donné une ame immortelle , & qu'il ne l'établit Souverain, ſur tout ce qui reſpire , qu'à titre de lui en rendre hommage. Cette perſuaſion grave dans ſon cœur le culte intérieur. Il eſt aſſuré que ce Dieu infiniment bon ,

IV.
Culte intérieur.

G ij

eſt en même tems équitable,
& qu'il ne lui a laiſſé le libre
arbitre que pour lui faire mériter ſes bienfaits, non-ſeule-
ment dans cette vie qui n'eſt
que paſſagere, mais dans une
autre qui doit être éternelle.
Voilà l'origine de la certitude,
dans laquelle depuis la création ont été tous les Peuples,
des récompenſes & des peines
à venir. Certitude qui fait reſpecter les loix civiles, & qui
devient l'appui & le fondement de la politique.

V.
Sentiment   Platon, pour réfuter l'ex-

travagance de certains Philofophes matérialiftes, dit en
fon Phédon ;

» Si l'ame étoit compofée,
» & qu'elle fût une harmonie,
» elle ne feroit jamais le con-
» traire de ce que font les par-
» ties qui la compofent, elle
» ne leur feroit jamais oppo-
» fée. Nous fentons qu'elle con-
» duit & gouverne les chofes
» mêmes dont on prétend
» qu'elle eft compofée, qu'elle
» leur réfifte, qu'elle les com-
» bat, qu'elle les menace ;
» qu'elle réprime les convoi-
» tifes, les coleres, les crain-

de Platon
fur l'ame.

Traduc-
tion de M^e
Dacier.

G iij

» tes , en un mot nous sommes
» assurés que l'ame parle au
» corps , comme à quelque
» chose qui se trouve d'une
» autre nature qu'elle. L'ame
» est donc d'une essence plus
» divine que l'harmonie.

V I.
Les mal-
heurs
qu'occa-
sionneroit
le matéria-
lisme.

Eh ! quels désordres n'existe-
roient point chez une Na-
tion (*a*) qui , fermant les yeux
à la vérité , attribueroit tout

(*a*) Il n'y a pas de système plus absurde
que celui qui enlevant à l'ame sa spiri-
tualité , accorde la pensée à la matiere ,
& détruit toute idée de providence, de
culte & de religion. *Voyez l'Examen du
Matérialisme , 2. vol. in-12. Paris 1754.*

au hazard ! Semblable aux
Guerriers de Cadmus, cette
Nation aussi-tôt formée se dé-
truiroit elle-même ; ce ne seroit que craintes, violences
& meurtres. Aussi les Législa-
teurs ont-ils toujours eu soin
d'imprimer dans l'esprit, & de
joindre à la certitude de l'immortalité de l'ame le respect
pour la Divinité, & une juste
crainte de sa colere. Cette
crainte unie à la reconnoissan-
ce, donne lieu au culte extérieur.

Les sacrifices durent leur
origine à la naissance du mon-

VII.
Culte ex-
térieur.

de ; tels furent ceux d'Abel, de Caïn & de Noë. Dieu, en son alliance avec Abraham & sa postérité, leur prescrivit le le même culte, & plusieurs siécles après, l'ordonnant à Moyse, il y ajouta la pompe, & les fêtes. On remarquera que c'est à la religion que la Poësie, la Musique & la Danse doivent leurs origines. Pour parler à la Divinité il falloit un langage sublime, lequel joint à l'harmonie, pût dignement célébrer ses louanges & ses bienfaits.

VIII.
Origines des Sacrifices.

I X.
L'idée du

L'idée du premier moteur

de toutes choses, ne s'est jamais trouvée anéantie, même
lorsque l'esprit de mensonge
secondé de la superstition &
de l'erreur, enfanta l'idolâtrie. Les attributs du très Haut
furent personnifiés (*a*), il est
vrai : les aveugles mortels pro-
diguerent à la multiplicité de
leurs dieux toutes les passions
humaines, mais leur mytho-
logie a toujours soumis à un

premier Etre a tou-jours sub-sisté, même dans les té-nébres de l'idolâtrie.

(*a*) On doit à Homere d'avoir person-
nifié les attributs divins, les passions humaines, & les causes physiques ; mais sa
religion n'est qu'un tissu de fables, qui
n'ont rien de propre à faire respecter, ni
à faire aimer la Divinité.

G v

premier Etre ces divinités inférieures. Homere qui avoit puisé sa créance chez les Egyptiens, & long-tems après lui Virgile, & Ovide dans tous leurs Ouvrages, reconnoissent une subordination entre leurs dieux, qu'ils rendent créatures d'un seul tout-Puissant.

X.
Origine de l'idolâtrie chez les Egyptiens.

Depuis que nous sommes éclairés par la divine lumiere de l'Evangile, nous avons peine à comprendre comment le genre humain a pu se livrer aux égaremens que lui prescrivoit une religion insensée. Les Philosophes, les Grands, les

Légiſlateurs initiés aux myſteres (*a*), n'adoptoient point in-
térieurement, il eſt vrai, de
de telles abſurdités ; mais ils
avoient ſoin de les entretenir.
Les oracles, les augures, les
ſorts, l'inſpection des victimes ;
enfin tout ce qui avoit rapport
à un culte monſtrueux, leur

XI.
Les au-
gures, &c.
utiles à
l'ambition.

____

(*a*) En apprenant aux Initiés l'hiſtoire
de Cerès, on leur repréſentoit par des
figures, & des décorations le dogme des
récompenſes & des peines, & on les
inſtruiſoit de la vérité d'un ſeul Etre ſu-
prême Voyez le ſixiéme Livre de l'Eneïde, image des myſteres de Cerès, & le
Diſcours qui ſuit de M. Warburton An-
glois, Traduction de l'Abbé des Fontai-
nes.

G vj

étoit trop utile pour qu'ils vou-
luſſent y renoncer. Les Prêtres
rendus à la faveur, faiſoient
à leur gré parler la divinité,
& ſelon leurs intérêts les augures, les entrailles des victimes devenoient ou favorables,
ou ſiniſtres.

XII.
Les au-
tres Na-
tions ont
adopté le
culte des
Egyptiens.

C'eſt aux Chaldéens & aux
Egyptiens, que l'on peut rapporter les premieres erreurs
du Paganiſme. Elles ont été
tranſmiſes aux autres Peuples,
ou par les Philoſophes, & les
Legiſlateurs qui venoient ſe
faire initier en Egyte, ou par
les Colonies Egyptiennes éta-

blies en Grece (*a*). Ces divers cultes furent portés par les Grecs en Italie, long-tems avant la fondation de Rome, & Numa Pompilius les adopta. Voilà, *pour me servir de ce terme,* la filiation de l'idolâtrie.

(*a*) Cadmus, Cecrops & Danaus amenerent en Grece des Colonies Egyptiennes, & y porterent leurs loix, leurs mœurs, & leurs cultes fabuleux. Cecrops fonda le Royaume d'Athenes l'an du monde 1448 Danaus ayant vainement conspiré contre Sesostris son frere, pour éviter la mort se sauva dans le Peloponese, & s'empara du Royaume d'Argos, qui quarante ans avant devoit son origine à Inachus. Ce fut l'an du monde 2530. *Rolin Histoire ancienne.*

XIII.
Les Hébreux ont apporté chez les Egyptiens le dogme de l'immortalité de l'ame.

Si on ne sçavoit point à quel esprit de vertige se porte l'homme, lorsque ses iniquités le font abandonner de Dieu, on s'étonneroit qu'un peuple aussi sage que les Egyptiens, chez lesquels le gouvernement se trouvoit le mieux constitué, ait pu en matiere de religion, se livrer aux absurdités les plus étranges. Vraisemblablement ce peuple dû à la captivité des Hebreux, le dogme de l'immortalite de l'ame, mais il en altéra la pureté (a) ; « il croyoit donc que

XIV.
Sentiment

(a) La doctrine de l'immortalité de

» l'ame étoit composée du
» corps subtil, & de l'entende-
» ment. Il faisoit du corps sub-
» til la partie matérielle de l'a-
» me, & de l'esprit la partie
» spirituelle. Après la sépara-
» tion du corps terrestre & de
» l'ame, il y en avoit une autre
» de deux parties de l'ame. Le

des Payens
sur la natu-
re de l'ame.

---

l'ame fût plus développé vers le tems d'Es-
dras. Voilà pourquoi Socrate l'explique si
bien ; ce Philosophe vivoit à-peu-près
dans ce tems là. Cela n'empêche point
cependant que ce dogme n'ait été connu
avant ; plusieurs passages de l'ancien Testament le prouvent. Ces passages établissent
cette doctrine ; ou formellement, ou par
des conséquences nécessaires & incon-
testables.

» corps ſubtil, image du corps
» terreſtre, dont, pour ainſi
» dire, celui-ci étoit le mou-
» le, alloit dans les enfers, &
» l'entendement ou l'eſprit,
» qui étoit la partie ſpirituelle,
» alloit dans le Ciel.

Ainſi les ames de tous les hommes ſelon ce dogme, ſe trouvoient ſéparées de leur entendement, c'eſt-à-dire, de la partie ſpirituelle ; mais cette ſéparation ne ſe faiſoit qu'après l'inhumation des morts.

XV.
L'inhumation étoit un des principaux

A préſent il eſt aiſé de concevoir pourquoi entre tous les devoirs religieux des Peuples de la terre, & sur-tout des Egyptiens l'inhumation étoit un des principaux. De ces ob- séques dépendoit en partie le bonheur de la vie éternelle, & ils établissent en même tems le bon ordre dans l'Etat. Le Défunt chez les Egyptiens, étoit jugé par des Commissaires établis à ce sujet. Ils exa- minoient avec rigidité les ac- tions de sa vie ; si ces actions se trouvoient criminelles, si elles manquoient aux princi- pes de la loi de nature, il étoit déclaré infâme, privé de sé- pulture (a).

devoirs re-
ligieux
chez les
Payens.

____

(a) Ces Enterremens solemnels des

Ce fut l'origine de la créance que les Grecs embellirent de leurs fables, & qui fut suivie par toutes les Nations idolâtres.

XVI.
Sentiment sur le tribunal de l'enfer.

C'est en de telles ténébres, que le genre humain se trou-

Citoyens, selon M. Rolin, procuroient un autre avantage, en empêchant les meurtres, & les banqueroutes frauduleuses. Un débiteur insolvable ne recevoit point ces derniers honneurs. L'histoire nous apprend que la terreur qu'inspiroit une telle punition, la certitude dans laquelle ce peuple étoit que les morts ne pouvoient trouver un lieu de repos qu'après l'inhumation, servoient de frein aux crimes, & à la fraude.

va plongé pendant un nombre de siécles. Les Légiflateurs voulant impofer un frein à la méchanceté & au crime, perfuaderent au vulgaire fuperfticieux que le même tribunal fubfiftoit en enfer, pour y décider des peines & des récompenfes.

Les feuls Hébreux dans un coin de la terre, reconnoif-foient une feule divinité ; mais leurs prévarications & leur culte, alteré par la différence des fectes, attiroient fur leur tête la colere célefte. Le Meffie promis aux Nations naquit

XVII.
Les Hébreux adorent un feul Dieu, mais leur culte eft altéré.

parmi ces rebelles. Les anciennes prophéties, les miracles du divin Redempteur ne purent rien fur leur aveuglement ; ils le méconnurent, le méprifèrent, le mirent à mort, & traiterent d'infenfés ceux qui atteftoient fa réfurrection. Dieu permit que le Verbe parut dans un tems où les hommes moins barbares fuffent plus à même d'écouter, & de fentir les céleftes vérités que lui & fes difciples avoient à leur apprendre. Morale célefte, qui enfeigne à connoître, à pratiquer la vertu & à détefter le vice. Morale dont

XVIII.
Naiffance
duSauveur.

les principes certains font tirés de la loi naturelle, & de la loi écrite.

Cependant une religion qui maîtrise les fens, qui prêche la pénitence, l'abandon des biens-temporels, & le pardon des injures pouvoit-elle s'accréditer, & fans un fecours furnaturel devoit-elle détruire un culte dont les cérémonies fe paffoient, pour la plûpart, en des fêtes licentieufes ? Non fans doute le fuccès de cette religion eft une des preuves convaincantes de la divinité du Légiflateur. Annoncée par

XIX.
Une des preuves de la vérité de la religion chrétienne.

des gens de la lie du peuple,
dont le chef avoit fubi un fup-
plice ignomineux, elle jetta
dès fon enfance de profondes
racines dans l'Empire Romain.
Les calomnies, les opprobres,
les perfécutions, les martyres
ne firent que lui donner de
nouvelles forces, jufqu'à ce
qu'enfin les Empereurs & les
Grands, embrafferent le culte
du Chrift, le firent refpecter,
& abolirent à Rome, non fans
peine, les reftes de l'idolâtrie (*a*).

____

(*a*) Long-tems après le baptême de
Conftantin, le culte de Vefta fubfiftoit
encore à Rome, & le Sénat confervoit
religieufement au Capitole l'Autel de la
Victoire.

L'efprit de menfonge, ainfi abbattu, fçut cependant bientôt fe relever ; il enfanta les héréfies, qui donnerent l'être au fanatifme. Il étoit dit que l'Eglife de Dieu devoit être toujours une Eglife militante. On ne fçauroit fans horreur, lire les fanglans événemens qu'occafionnerent le Mahométifme ; (*a*) ; les fentimens

XX.
Les héréfies défolent l'Eglife, de même que le Mahométifme & les religions de Luther, & de Calvin.

(*a*) Mahomet naquit le cinquieme Mai 570 de l'ére chrétienne, au Bourg de Jefvat, dans la Valée de la Mecque en Arabie. Sa loi eft fondée fur l'unité d'un Dieu créateur de l'Univers, duquel procéde le bien & le mal, la création des Anges & des hommes ; la réfurrection des

oppofés fur les trois perfonnes, fur le Verbe, fur fa divine Mere, fur le refpect dû aux Saints, & aux Images, &c. On ne peut fans déplorer l'égarement de l'efprit humain, lire les cruautés exercées en Bohême, en Allemagne, en France, en Hollande, par les

---

morts, le jugement particulier & univerfel, le Paradis, l'Enfer, & un lieu moyen entre les deux pour achever de fatisfaire à la juftice divine ; le naffip, deftin, ou prédeftination littérale, l'ablution, la priere, le jeune, la charité envers le prochain, & l'obfervation des huit Commandemens du Couraan, ou Alcoran. *Etat de l'Empire Ottoman*, *I. Partie*, *p. 418*, *par M. de la Croix.*

fectateurs

sectateurs de Luther & de Calvin.

Je ne prétens point con-
damner ouvertement la tolérance en matiere de foi. Elle
peut être utile à certains Etats,
selon le génie, les mœurs, &
le besoin des Peuples qui les
composent. Elle y favorise le
commerce, y attire les Arts
& les manufactures ; mais il
me semble que cette tolérance, telle avantageuse qu'elle
paroisse, ne peut être que nuisible à un Etat vraiment monarchique, dont le point essentiel de la politique est de faire

XXI.
La tolé-
rance en
matiere de
foi utile à
certaines
Nations,
mais pré-
judiciable
à un Etat
monarchi-
que.

obferver fans altération la religion dominante, & il eft né-
ceffaire qu'à ce principe toutes les loix fe rapportent, afin
que cet Etat foit exempt de
vices, & de maladies. Ainfi
les innovations capables d'altérer la tranquillité intérieure,
doivent être réprimées. Les
guerres & les divifions qui tra-
vaillerent long-tems la France,
nous font connoître combien
étoit jufte la révocation de
l'Edit de Nantes ; quoique ce
remede violent ait dépeuplé
les Provinces, & ait acquit
aux Etrangers des Citoyens
induftrieux. La religion, je l'ai

dit, eft le foutien d'un Etat, mais auffi elle peut caufer fa ruine, lorfque dans cet Etat, elle fe trouve négligée, qu'elle n'eft pas affez refpectée, ou quand le fanatifme & la fuperftition, y prennent le mafque de la vraie piété.

Nous venons de connoître le principe du bonheur des hommes : voyons maintenant l'origine de leur confervation & de leur fûreté.

Par fon ingénieufe épifode des Cyclopes, & de leur chef Polipheme, Homere a voulu repréfenter (a) les défordres

Seconde Partie.
De l'établiffement des Sociétés civiles.
XXII.
Tableau

____

(a) *Odiffée, Livre IX.*

H ij

qui réfulteroient de l'indépendance, telle qu'auroit été celle
du genre humain, s'il n'avoit
été foumis à aucune loix. En
effet fuppofons l'homme livré
à lui-même fans fociétés & fans
loix, & enfin dans l'état de
nature, ainfi qu'Homere re-
préfente les Cyclopes ; la raifon, ce préfent qu'il tient de
l'Etre fuprême, fe trouve alors
obfcurcie par fes paffions. Les
bêtes entr'elles s'épargnent,
lui feul eft ennemi de fon fem-
blable. Les liens du fang, ceux
de l'humanité ne font point
affez puiffans pour l'arrêter (a).

____

(a) » Mes paroles, dit Uliffe, ne tou-

D'ailleurs entre toutes les créatures, l'homme est celle qui

» cherent point ce monstre ; il me répon-
» dit avec une dureté impie : Etranger tu
» est bien dépourvu de sens, où tu viens
» de bien loin ; toi qui m'exhorte à res-
» pecter les dieux, & à avoir de l'humani-
» té. Sçaches que les Cyclopes ne se sou-
» cient point de Jupiter, ni de tous les
» autres dieux, car nous sommes plus forts
» qu'eux, & ne te flate point que pour me
» mettre à couvert de sa colere j'aurai
» compassion de toi, si mon cœur de lui-
» même ne se tourne à la pitié. » Traduction de Me Dacier. *Odissée Liv. XI.* Les
Sauvages du Paraguais, avant que les Mis-
sionnaires Esagnols les eussent éclairés des
lumieres de l'Evangile, vivoient sans chef,
sans loix, & dans les Forêts ; enfin dans la
liberté de l'état de nature. Ils étoient toujours errans, toujours armés les uns contre les autres, ne respirans que meurtres
& que carnages.

H iij

ne se peut passer de secours étrangers. La providence qui semble être plus libérale envers les animaux, leur donne un instinct, lequel dès leur naissance, leur apprend à conserver leur vie, & à fuir les périls; ce n'est qu'après une longue enfance que l'homme acquiert cet avantage. Le besoin donc que chacun eût de son semblable, l'obligea de le rechercher.

XXIII.
Etat des premiers hommes après le déluge.

L'Ecriture sainte dit qu'après le déluge les premiers hommes s'occupoient à cultiver la terre, & à nourrir des

troupeaux, & que chaque pere
de famille regnoit fur fa maifon.

Platon qui pouvoit avoir
tiré cette connoiſſance des
Livres facrés, écrit (*a*) « qu'a-
» près le déluge il y eût trois
» formes de vie qui fe fuccé-
» derent. Que la premiere fut
» fimple. Les hommes effrayés
» encore de l'inondation, ha-
» biterent les fommets des
» montagnes, fans aucune dé-
» pendance, & chacun régnant

XXIV.
Sentiment
de Platon
fur le mê-
me fujet.

***

(*a*) Traduction de Madame Dacier, en
fes Remarques fur l'Odiſſée d'Homere.

H iiij

» sur sa famille. Qu'à celle-là
» succéda la seconde forme un
» peu moins sauvage. Les hom-
» mes commençant à se gué-
» rir de la peur, descendirent
» au pied des montagnes, éta-
» blirent un plus grand com-
» merce entr'eux. Que de cet-
» te seconde vint la troisieme
» plus polie, lorsque la con-
» fiance étant revenue, on se
» répandit dans la Plaine.

XXV.
Origine des Gouvernemens civils.

Alors voulant se mettre à couvert des maux que l'hom-me (*a*) a à redouter de l'hom-

---

(*a*) Grotius, Droit de la Guerre, & de la Paix.

me, les chefs de familles renoncerent à l'indépendance de
l'état de nature, & se soumi-
rent volontairement à des loix.

L'union des volontés, jointe
à l'union de forces, compo-
serent les Etats; dans lesquels
d'un commun accord il fut établi une ou plusieurs personnes,
dont les ordres particuliers se
trouvent être ceux de tous en
général. Le Souverain dans une
Monarchie représente l'Etat,
& dans une République, ce
sont les Magistrats. Au reste
pour le maintien d'une société
civile, il est nécessaire qu'à

XXVI.
Ce qui sert à les composer.

H v

l'accord de fentimens, fe joigne la puiffance coactive. Sans elle la diverfité d'inclinations, l'opiniâtreté, la répugnance naturelle & malicieufe, empêcheroient les hommes d'agir de concert. Le droit donc d'impofer les peines, de punir de mort les criminels, & de leur faire grace, eft un des principaux attributs de la Souveraineté.

XXVII.
Divifion des Gouvernemens.

On compte trois différens Gouvernemens, le régulier, l'irrégulier, & le mixte ou le compofé.

XXVIII.
Gouvernement régulier.

Par le premier une feule perfonne, ou une feule affemblée, acquiert la fouveraine Puiffance, la Monarchie, l'Ariftocratie, la Démocratie, fe rapportent au Gouvernement régulier.

Je n'entrerai point dans le détail des différens vices qui fe peuvent gliffer dans l'adminiftration du pouvoir abfolu; je dirai feulement en général, que les défauts effentiels d'un Etat confiftent en ce que les loix & les ufages ne s'y trouvent point relatifs au génie du peuple, à fon caractere, aux qualités, à la fituation du Pays,

XXIX.
Quels peuvent être les vices de ce Gouvernement.

H vj

au climat, & enfin lorſque les conſtitutions ſe trouvent contraires aux maximes capitales d'une ſaine politique.

XXX.
Gouvernement irrégulier.

Tout Gouvernement ſera irrégulier quand en une République les Sénateurs & le peuple, auront une autorité ſéparée, & indépendante l'une de l'autre.

Une Monarchie devient irréguliere, lorſque les Seigneurs trop puiſſans ne dépendent du Souverain qu'en qualité de Vaſſaux. L'Hiſtoire des deux premieres races de nos Rois, peut à ce ſujet nous ſervir d'exemple. De même que celle d'Allemagne, depuis le regne des Empereurs François.

Plusieurs Etats indépendans des uns & des autres ; mais, pour leur avantage & leur sûreté mutuelle, réunies en un seul corps, donnent naissance à l'Etat mixte ou composé.

En une Monarchie, ce font les Contrats de mariage, les successions, le défaut d'héritiers dans les Fiefs relevans de la Couronne, le crime de félonie de la part du Vassal, le refus de rendre hommage, la soumission volontaire de quelques peuples, le droit de conquête.

Dans une République cette union s'établit lorsque des Etats différens & souverains, entrent en une confédération perpétuelle. Telle est l'alliancé des Provinces-Unies, celle du corps Helvétique, & telle étoit dans l'antiquité celle des Achéens.

XXXII.
Ancienneté de l'Etat Monarchique & son avantage sur les autres.

Mais de tous les établissemens humains, l'Etat Monarchique est le plus ancien, & j'ose le dire, le plus parfait en ce qu'il représente l'unité, & la toute-puissance du Créateur. L'autorité des Patriarches avec lesquels il se plaisoit à commercer, étoit une image sensible de la Royauté. Dieu soumit à un juge souverain le Gouvernement politique & civil, par lui prescrit à Moyse. Les Hébreux inconstans & toujours rebelles, demanderent des Rois. Cette Nation se lassa d'obéir au suprême Magistrat, qui du fond du Sanctuaire lui apportoit les ordres du Ciel. Alors Dieu ordonna au Prophete Samuel de sacrer Saul; ensuite ce Prince s'étant rendu indigne du Trône, lui & sa

XXXIII.
Gouvernement des Hébreux soumis à des Juges, ensuite à des Rois.

postérité en furent privés ; &
par la volonté du Très-haut,
la Couronne passa sur la tête
de David.

Les successeurs de ces deux
Rois alternativement pieux,
impies, cruels, idolâtres, ty-
ranniques, regnerent sur les
Juifs, jusqu'à ce que Jerusalem
punie de ses iniquités fut prise
par Vespasien, & que la Judée
devint une Province Romaine. On peut dire cependant,
que le pouvoir de ses Rois ne
fut pas toujours le même. Dès
l'Empire de Tibere les Te-
trarques, vassaux des Ro-

mains, n'avoient plus que l'ombre de la souveraineté (*a*).

Je viens de montrer comment, dès l'enfance du monde, la puissance absolue s'établit sur les Israëlites, parcourons de même l'histoire des autres peuples.

Sans remonter aux époques fabuleuses des Egyptiens (*b*);

XXXIV.
Gouvernement des Egyptiens.

______

(*a*) Vers le tems de Jesus-Christ toute la Palestine étoit partagée en Tétrarchies, c'est-à-dire, en plusieurs Souverainetés. Sçavoir la Galilée, la Traconite, la Judée & l'Iturée ; mais cependant sous l'autorité des Romains, qui en avoient fait la conquête.

(*b*) Selon ces époques les Egytiens fu-

leur Monarchie qui dans la
suite gouvernée par le grand
Sefoſtris , donna des loix juſ-
qu'au-de-là du Gange , com-
mença ſous Menès, ou Miſ-
raïm fils de Cham (*a*). Cam-
biſe , fils de Cyrus Roi de Perſe , s'empara d'un ſi riche Pays ,
& le réunit à la Médie , & à la
Perſe (*b*). il faiſoit partie des
Etats de Darius, lorſque ces
Etats furent conquis par Alexandre le grand (*c*). Enfin après

---

rent ſoumis l'eſpace de vingt mille ans à
des dieux , à des demi-dieux , ou héros.

(*a*) L'an du monde, 1816.

(*b*) L'an du monde, 3479.

(*c*) L'an du monde, 3681.

la mort de ce Prince, les Ptolomées defcendans de Lagus, fonderent en Egypte une nouvelle Souveraineté, qui, par le décès de Cléopatre, fut incorporée à l'Empire Romain (*a*).

Le Royaume d'Affyrie, felon Calliftene, comptoit au moins 1903 ans d'antiquité, lors qu'Alexandre s'empara de Babilone ; ce qui fait remonter fon origine à l'an du monde 1761, c'eft-à-dire, cent quinze

XXXV.
Gouvernement d'Affyrie, & de Babilone.

(*a*) L'an du monde, 3974. *Rolin Hiftoire ancienne.*

ans après le Déluge. Nemrod, qui sous le nom de Belus, obtint les honneurs divins, en fut le premier Roi. Ce Prince étoit fils de Chus, petit-fils de Cham, & arriere petit-fils de Noë. Du débris de cet Empire après la mort de Sardanapale, se formerent trois grandes Puissances : celle des Assyriens, celle des Medes, celle des Assyriens de Ninives. Cyrus Roi des Perses & des Medes (*a*),

---

(*a*) Ce Prince naquit l'an du monde 3405, 599 ans avant Jesus-Christ. Son oncle Ciaxare Roi des Medes, l'avoit fait son héritier, & il avoit succédé à son pere Cambise dans la Monarchie des Perses.

ſubjugea ces Royaumes (*a*).
Avant lui les Perſes, diviſés
en douze Tribus, habitoient
une ſeule Province. A la tête
d'une Nation peu nombreuſe,
mais que le luxe, & la volup-
té n'avoient point encore
amollis ; ce Prince conquit l'A.
ſie. Sa domination (*b*) établie
ſur preſque tout le monde alors
connu, étoit à l'Orient terminée par l'Inde, au Nord par

(*a*) L'an du monde 3466 avant Jeſus-
Chriſt, 538. *Rolin Hiſtoire ancienne.*

(*b*) Les Hiſtoriens commencent cette
Monarchie desPerſes, l'an du monde 3468,
avant Jeſus-Chriſt 536. *Rolin Hiſtoire ancienne.*

la mer Caſpienne, & le Pont-Euxin, au couchant par la mer Egée, au midi par la mer d'Arabie, & l'Ethiopie.

Un peu plus de deux cens ans après, cette Monarchie devint une Province, pour ainſi dire, du vaſte Empire d'Alexandre. Après la mort de ce conquérant, ſes Capitaines ſe partagerent un ſi brillant héritage ; il en naquit diverſes Souverainetés, qui la plûpart dans la ſuite ſubirent le joug des Romains.

En liſant l'Hiſtoire ancienne de ces diverſes Nations, ou plutôt celle de l'Univers, on verra qu'elles étoient soumises à un pouvoir Monarchique, patrimonial & héréditaire ; & que si un Despotisme outré a quelquefois mis les armes à la main aux peuples opprimés ; ce n'a jamais été qu'afin de se souftraire aux loix des Princes, qui ainsi abusoient de leur autorité ; & non pour changer la forme du Gouvernement.

Par cette digreffion, j'ai cherché à montrer que l'Etat Monarchique a été préféré à tous les autres par le souverain Etre, & que c'eft le premier que les hommes choisirent. Il me seroit même aisé de prou-

ver que dans plusieurs des Républiques Grecques, le pouvoir des Grands & celui de la
multitude, se trouvoient joints
à la Royauté ; excepté cependant chez les Athéniens, &
chez les Achéens, trop ama-
teurs d'une liberté qui souvent
dégénéroit en licence effrenée.

XXXVI.
Vices de
l'Etat répu-
blicain.

On conviendra aisément
qu'une Monarchie est moins
sujette qu'un Etat républicain
aux vices & aux maladies.
Quand la volonté dépend d'un
seul, les délibérations sont plus
promptement exécutées, les
loix moins sujettes à des varia-
tions

tions presque toujours nuisibles, les factions & les intrigues
plus rares. Un Gouvernement
démocratique dépend le plus
souvent des caprices du peuple,
caprices presque toujours pré-
judiciables à ses vrais intérêts.
A Athenes un Orateur fac-
tieux, véhément, emporté, s'op-
posoit aux judicieuses entreprises de Periclès, faisoit pros-
crir Thémistocle, & rendoit
Alcibiade suspect de tyrannie.

Un Gouvernement aristo-
cratique est soumis à l'ambition, à l'avarice, aux dissen-
tions des Grands; ce sont autant de petits tyrans unique-

ment occupés de leur éléva-
tion, de leur jalousie, de leur
haine. Je ne crains point enfin
que l'on m'accuse de former
un paradoxe, lorsque j'avan-
cerai qu'il y a plus de liberté
dans une Monarchie dirigée
par des loix sages, & par un
Prince équitable, qu'il ne s'en
trouve en un Etat Républicain. Cette liberté, qui semble être si précieuse, n'est qu'un
phantôme vain, une belle chi-
mere présentée, par les Magistrats & par les Grands, à la
multitude afin de la maîtriser,
& l'asservir davantage. Sans
avoir recours à l'antiquité, il

ne me seroit pas difficile d'appuyer ce que je viens de dire par des exemples récens.

La Souveraineté s'acquiert par droit de conquête, par succession, par élection.

XXXVII.
Des manieres d'acquérir la souveraine puissance.

Uu peuple, qui dans un sujet de guerre, s'est exposé à recevoir la loi du vainqueur, semble déja, j'ose le dire, avoir consenti à tout ce que ce vainqueur voudra lui imposer ; c'est ce qui établit le droit de conquête. Celui qui ainsi possede la Couronne la peut partager, l'aliéner, la transférer.

XXXVIII.
Du droit de conquête.

Puffendorf, Droit de la nature, & des Gens.

I ij

XXXIX.
Du droit
de succé-
der.

Il y a deux sortes de succef-
fions, la patrimoniale ou tefta-
mentaire, telle eft celle en
Efpagne & Ruffie, héréditaire
ou linéale.

X L.
Succeffion
héréditai-
re.

La premiere défend aucun
partage, veut que la Couronne
refte dans la poftérité du Roi
fondateur de la Monarchie,
en exclut les collatéraux, naturels & adoptifs, & enfin donne la préférence aux mâles fur
les filles.

XLI.
Succeffion
linéale.

Dans la feconde les bran-
ches de la maifon régnante
compofent autant de lignes,

dont chacune a droit au Trône, selon la proximité à la
tige. La cognatique & l'agnatique, font la division de cette
maniere de succéder. La cognatique, qu'on nomme aussi
castillane, y appelle les femmes au défaut de mâles plus
proches, ou au même dégré;
l'agnatique ou françoise en exclut totalement les femmes à
perpétuité de même que les
mâles issus d'elles.

Les Etats dans lesquels le
Prince doit la Couronne au
consentement des Grands, ou
de la multitude, & non à l'hé-

XLII.
De l'élec-
tion.

rédité, ne peuvent paſſer pour Monarchiques, mais pour Républicains : tels ſont les Gouvernemens Germanique , & Polonois.

Il y a, ſelon Puffendorf, deux ſortes d'élections. Par l'une, à la mort de chaque Prince, le peuple rentre dans ſon droit, & ſe choiſit un nouveau maître ; par l'autre le peuple a réglé, une fois pour toutes, la ſucceſſion dans une famille ; enſorte que pour gouverner, le Souverain n'a beſoin d'aucun nouveau conſentement. Au reſte cette derniere forme de ſouveraineté a plus l'air Monarchique, que Républicain. Il eſt bon de remarquer que l'Hiſtoire de France nous préſente ces différentes manieres de poſſéder le Trône. La premiere race offre diverſes élections (*a*), de même qu'elle nous montre une hérédité preſque continuelle. Enſuite Childeric III dépoſé, les Grands & le peuple donnent la Couronne à Pepin, & à ſes deſcendans. Charlemagne & ſes ſucceſſeurs la ren-

____

(*a*) Ces élections ſe faiſoient en plein champ, le Prince porté ſur un Pavois, y recevoit l'hommage des François.

I iiij

dent patrimoniale, & la par-
tagent entre leurs enfans, fans
cependant violer la loi falique.
La troifieme race nous offre
enfin le Royaume foumis à un
feul Prince du fang Carlovin-
gien, de même quelle établit
la fucceffion linéale, mais agnatique.

XLIII.
Des loix
civiles.

Après les loix primitives d'un
Etat, qui reglent la forme du
Gouvernement, ou décident
de la maniere de fuccéder au
Trône ; il s'en trouvent d'au-
tres, auxquelles le droit natu-
rel ou public fert de principe.
Je veux parler des loix civiles.

Ces loix, mettant sagement à profit la connoissance innée d'un Créateur, la certitude de l'immortalité de l'ame, celle des récompenses & des peines à venir, répriment la fraude, punissent le crime, reglent la prōprieté des biens, mettent de justes bornes au pouvoir du mari sur sa femme, sur ses enfans, sur ses domesti-ques & esclaves ; décident des contrats, des acquisitions, de la maniere de s'obliger, du prix virtuel & éminent des choses & des actions, dictent les jugemens des Tribunaux, & leur servent de regle. Les

I v

loix civiles enfin défendent les violences, offrent aux parties léſées la protection des Magiſtrats : le droit public ſeul permet les guerres parmi les Souverains, qui entr'eux vivent ſous l'indépendance de la loi de nature ; il exige cependant de certains devoirs dans les hoſtilités, c'eſt ce qui nous reſte à examiner.

Troiſieme Partie.
Du droit de Gens dans les hoſtilités.

Les Puiſſances entr'elles vivent dans cette indépendance de l'état de nature, qui régneroit ſur les hommes, ſans l'établiſſement des Gouvernemens, & des loix. Les corps politiques ou moraux, ont feuls le pouvoir de repouffer la force par la force, & c'eft en ce fens qu'il faut concevoir la jufte défenfe de foi même. Le droit public regle la maniere d'obtenir la réparation des dommages, indique la conduite dans les hoftilités, & envers les prifonniers ; enfin inftruit des immunités en faveur de ceux qui font envoyés d'une Armée à l'autre, & à l'égard des Ambaffadeurs & Miniftres publics, chargés de terminer les différens, ou de veiller à la confervation de la paix, Tous objets que je vais parcourir.

I vj

Les hoftilités fe trouvent auffi anciens que l'Univers (a), l'Ecriture fainte le prouve, & en même tems elle nous montre que la guerre, pourvu qu'elle foit jufte, non-feulement n'eft pas criminelle, mais qu'elle eft permife. « Beni foit le Dieu » Très-haut, qui a livré tes » ennemis en ta main, dit Mel-» chifedech à Abraham. » Les Hébreux, guidés par Moyfe, ayant vaincu les Amalécites, Dieu approuva la conduite de fon peuple.

(a) Grotius, Droit de la guerre, & de la paix.

Quelques fçavans après être convaincus que l'ancienne alliance ne défendoit point la guerre, foutient qu'elle eft prohibée par la nouvelle. Pour réfuter leurs frivoles raifons je n'ai befoin que de l'autorité de l'hiftoire. Elle nous apprend que dans la primitive Eglife, c'eft-à-dire en un tems de ferveur, les Chrétiens ne croyoient pas contraire à leur foi de fe ranger fous les aigles Romaines. Quand même les Auteurs ne fe réuniroient point pour attefter ce fait, le miracle (*a*) célébre produit

XLV.
Sentimens contraires de quelques Jurifconfultes.

____

(*a*) Cette Legion procura une victoire complette à l'Empereur Marc-Aurel.

par les prieres de la Légion chrétienne , le culte que nous rendons à des saints guerriers prouveroit affez en ma faveur.

XLVI.
Des trois fujets qui occafionnent la guerre.

La guerre eft occafionné par les trois objets fuivans. La défenfe , la demande d'une chofe retenue injuftement , & la réparation d'un dommage. Ces trois caufes, ainfi que le marque Grotius (a) , fe trouvent exprimées en la déclaration de Camille à fes foldats dans la guerre contre les Gaulois. Je

____

(a) Grotius , droit de la guerre & de la paix.

prend les armes, dit-il, pour toutes les choses qu'on peut légitimement défendre, redemander & punir.

Le droit des Nations permet les intrigues, les artifices, les conjurations, & enfin tout ce qui peut nuir à un ennemi déclaré, ou justement soupçonné, soit en prévenant les desseins de cet ennemi, en intercepant ses lettres, en enlevant ses Couriers, ses Convois, ses troupeaux ; soit en surprenant ses quartiers, pourvû que ces entreprises s'exécutent sans manquer à la probité,

XLVII.
Ce que permet le droit des Gens dans l'état de guerre.

& à l'honneur, lefquels ne font autre chofe que la loi naturelle ; mais auffi cette loi exige que les hoftilités ne paffent jamais le foin de notre défenfe, la jufte proportion de ce que nous avons à demander, & notre fûreté pour l'avenir.

XLVIII.
Ce qu'il défend.

On ne peut ainfi s'emparer des outils néceffaires à la culture des Terres, gâter, détruire les biens, mettre à contribution les Villages, à moins d'une néceffité abfolue ; & lorfqu'il s'agit de la fubfiftance de l'Armée, d'empêcher l'ennemi d'acquérir de nouvelles forces , & de traîner la guerre en longueur.

Toutes profanations d'Egli-se , incendies , démolitions de maisons , sont également dé-fendus ; à moins que ces mai-sons ne puissent servir de postes avantageux à l'une ou à l'autre des parties belligérentes , que la situation utile d'une Eglise ne devienne favorable à une attaque , ou à une retraite , à moins que des habitans , enfin par une résistance trop obsti-née , ne s'exposent aux hor-reurs d'un assaut ; & ainsi ne consentent à leur ruine d'une maniere tacite. En pareil cas il

eſt d'uſage parmi les Nations
civiliſées de ſommer à diverſes repriſes, & d'avertir du
danger. On ne peut de mê-
me s'approprier les meubles,
l'argenterie, & les autres effets
appartenans à des particuliers,
ſur-tout lorſque ces particuliers n'ont pas les armes à la
main. Ce n'eſt jamais aux Citoyens auxquels on fait la
guerre ; mais c'eſt au corps
de l'Etat. Lui ſeul doit ſup-
porter les maux qu'elle traîne
après elle ; comme pertes de
Fortereſſes, de Magaſins, de
Caiſſes militaires, & enfin de
tout ce qui, dans le langage

XLIX.
Sentiment
d'humani-
té du Roi.

politique , se trouve désigné sous le terme de marchandi-ses de contrebandes (*a*).

Après la prise d'Ypres, le Roi nommé à si juste titre le bien aimé, parut touché de ce que quelques maisons avoient été endommagées par les bom-bes , je n'ai pas pris les armes , dit-il , contre les habitans , mais contre mes ennemis.

Il est vrai que les Soldats, &

L.
De la clémence envers les prisonniers

(*a*) On entend par marchandises de contrebande . poudre , balles , boulets , canons , fusils, épées, farine , &c. Enfin tout ce qui peut servir pour la subsistance , le vêtement & l'entretien d'une Armée.

généralement tous ceux qui se trouvent assaillans, méritent d'être traités en ennemis ; mais aussi ce n'est point agir selon les loix divines & humaines d'attenter à leur vie, lorsque désarmés ils implorent notre miséricorde, & quand ils se rendent prisonniers.

LI.
Les anciens ignoroient ce sentiment. Les anciens ne se livroient que trop souvent à une telle barbarie, si contraire à un des principes du droit des Gens, qui prescrit entre les hommes les services mutuels. Les Historiens, les Poëtes grecs & latins, nous apprennent les ex-

cès où se portoient les vainqueurs. Ils disposoient de leurs
captifs, comme de leur patri-
moine, & ne leur rendoient
la liberté qu'à prix de rançon.
Souvent même ils les sacri-
fioient aux dieux (*a*) ou les
immoloient inhumainement
sur un bucher, pour servir de
représailles à la mort d'un ami,
d'un parent, d'un Général.
Chez les Romains, même dans
le tems que leurs mœurs

LII.
Ils im-
moloient
leurs pri-
sonniers,
ou les fai-
soient ser-
vir à leurs
triomphes.

____

(*a*) Les Cartaginois offroient à leur dieu
Saturne des victimes humaines, choisies
entre leurs prisonniers de guerre, & re-
tinrent cette barbare coutume, jusqu'à la
ruine de leur République.

étoient les plus polies, les prisonniers après avoir orné le
triomphe du Consul, ou du
Dictateur, étoient ou massa-
crés impitoyablement, ou ex-
posés à la férocité des bêtes.
On sçait que Cléopatre ne se
donna la mort, malgré tous
les égards qu'Auguste avoit
pour elle, que parce qu'elle
apprit que ce Prince la desti-
noit à suivre son Char, & à
servir ainsi de spectacle à un
peuple amateur de nouveau-
tés, & qui se faisoit une
gloire de l'humiliation des
Souverains.

Toute l'antiquité enfin,

croyoit que l'état de guerre dispensoit des devoirs de l'humanité; devoirs qui protégent les prisonniers, & ne permettent point de sévir contr'eux, jusqu'à leur ôter la vie, à moins qu'on n'y soit contraint par représailles. Evénemens rares parmi les Nations de l'Europe. Il faut croire que les lumieres de l'Evangile ont à ce sujet épuré les sentimens.

Les guerres sont ou solemnelles, ou non solemnelles. J'entens par les premieres celles qui se font de Souverain à Souverain; & par les secon-

LIII.
Des diverses sortes de guerres.

des les guerres civiles. Ces dernieres font honte à l'humanité, & retracent avec des couleurs trop vives la férocité de l'état de nature.

LIV.
Le Souverain seul a droit de faire la guerre.

C'est la personne dans laquelle réside la souveraineté qui seule a le droit d'armer, de même que de conclure des Traités, & des alliances. La nécessité donne cependant une restriction à cette loi. Un Gouverneur dans une Ville rebelle, peut faire main basse sur les séditieux. Dans un Etat d'une vaste étendue, le Commandant d'une Province fort éloi-

gnée

gné de la capitale, s'eſt quelquefois trouvé contraint de pourſuivre un ennemi, qui ſur la frontiere avoit fait irruption. Alors la guerre étoit ſenſée faite par l'ordre du Souverain. Les Hiſtoires des Romains (*a*), des Perſes, des Turcs nous fourniſſent quelques exemples de ces ſortes de guerres. Souvent les Européens poſſeſſeurs de terres, & de comptoirs en Amérique &

L V.
Occaſions où un Gouverneur la peut entreprendre.

____

(*a*) Telles ſont les différentes guerres des Gouverneurs des Gaules pour les Romains contre les Auvergnacs, les Germains, les Bretons, &c.

Tome I.　　　　K

aux Indes, attaquent leurs voisins, ou se défendent contre eux, sans pour cela causer aucune rupture entre les Nations de qui dépendent ces compagnies marchandes.

Afin que la souveraineté acquise par les armes sur des peuples vaincus devienne plus légitime, il est nécessaire que le conquérant soit par eux reconnu pour Maître expressément, ou d'une maniere tacite, ou que leur ancien Prince, par un Traité, ait renoncé à ses droits.

LVI.
Des Tréves.

Nous comptons deux sortes

de Tréves, l'une eſt une ſimple ſuſpenſion d'armes, dans
celle-ci chacun, quand bon lui
ſemble, peut recommencer les
actes d'hoſtilités ; l'autre pendant le tems convenu entre
les parties, interrompt toute
voye de fait. Il y a encore la
neutralité : c'eſt lorſque pour
des raiſons politiques un Pays
jouit de la paix, quoiqu'il dé-
pende d'une Puiſſance enne-
mie. Telle eſt la neutralité qui,
dans la derniere guerre, exiſtoit
à l'égard du grand Duché de
Toſcane, & de celui de Luxem-
bourg.

LVII.
De la neu-
tralité.

L'inhumation étant, ainsi que nous l'avons vu, un des points essentiels de la Théologie payenne, procuroit dans l'antiquité de fréquentes suspensions d'armes ; souvent aussi les Armées, sur le point d'en venir aux mains, laissoient vuider la querelle à leurs Généraux (a), ou à des guerriers qui se dévouoient. Après les ser-

____

(a) Voyez l'Iliade, preuve que ces combats étoient communs du tems d'Homere. Voyez le combat de Turnus dans l'Eneïde ; celui des Horaces dans l'Histoire Romaine, lequel décida du sort d'Albe ; on trouvera aussi d'autres exemples.

mens & les facrifices les champions fortoient des rangs. Le droit des gens défendoit aux foldats, alors fimples fpectateurs, de les troubler & de les fecourir. Nos armiftices ne font pas fi communes, elles ne font accordées qu'à une Ville affiégée, lorfqu'elle fait efpérer une capitulation, ou à une Armée, quand les préliminaires de la paix font acceptés.

De plus les Commiffaires, les Trompettes, les Tambours, &c. munis de paffeports, & dépêchés d'une Armée à l'autre, jouiffent des mêmes im-

LIX.
De ceux qui à l'Armée font protégés par le droit des Gens.

munités, & priviléges que les Ambaſſadeurs. Il me reſte à parler des Miniſtres publics.

LX.
De la protection qu'accorde le droit des Gens au Miniſtres.

Les Ecrivains ne ſont pas bien d'accord de la juſte portée du droit qui rend ſacrées les perſonnes chargées de pouvoirs de la part des Puiſſances. Ce droit a des bornes à l'égard des agens & des Conſuls. Pour le civil ils ſe trouvent ſoumis aux Tribunaux des Pays où ils réſident. Je n'oſe avancer que ce ſoit de même en matiere criminelle ; mais à moins qu'il ne ſoit abandonné publiquement de ſon Maître, ou que de grands crimes ne lui ayent fait perdre la protection du droit des Gens, celui qui ſe trouve honoré du titre de Miniſtre n'a aucun compte à rendre de ſes actions.

Par grands crimes j'entens, avec le Commentateur de Grotius (*a*), ceux qui tendent à troubler le ſyſtême politique d'un Etat, à priver de la vie celui ou ceux qui le régiſſent, à cauſer à quelques-uns des membres de cet Etat un préju-

LXI.
Des dé-
lits qui
ôtent à un
Miniſtre
ſes privilé-
ges.

______

(*a*) Barbeyrac, en ſon Commentaire ſur Grotius.

K iiij

dice considérable en leur honneur, en leurs biens, sur-tout si ces personnes sont cheres à leur Patrie ; ou lorsque ce Ministre retire chez lui les assassins, les criminels d'Etat ou de haute trahison, & qu'il s'obstine à les protéger (a).

En tous ces délits la réparation est demandée au Maître du représentant, il seroit trop dangereux d'en laisser la punition au Souverain offensé ; on ne manqueroit alors jamais de

-----

(a) En de telles occasions un Ministre s'expose à voir forcer sa maison, & même à se faire arrêter.

prétexte pour inquiéter un Miniſtre qui, par la nature des affaires qu'il traite, ſe ſeroit rendu déſagréable.

La modération du Sénat de Veniſe à l'égard du Marquis de Bedemar, Ambaſſadeur d'Eſpagne, eſt remarquable. Ce Seigneur avoit projetté la ruine totale de la République, les preuves en étoient convaincantes. Tous les Nobles devoient être maſſacrés ; cependant lui, ſes domeſtiques & ſes meubles furent embarqués, & garantis des inſultes d'une populace en courroux.

LXII.
Exemple de la modération du Sénat de Veniſe.

K v

» Aucune Puiſſance , dit » Wicquefort, ne ſe peut don- » ner l'autorité d'expliquer les » loix, dont eſt compoſé le » droit des Gens , & il n'y a » point de Juge qui puiſſe » étendre ſa juriſdiction ſur » les perſonnes que ce droit » protége ; parce qu'il trou- » bleroit un commerce, dont » la liberté eſt fondée ſur une » néceſſité indiſpenſable ; & il » ôteroit de celui des hommes » le moyen de conſerver la ſo- » ciété, laquelle ne pourroit » pas ſubſiſter , ſans ce prin- » cipe, qui eſt plus que mathé- » matique.

Je n'ai pû m'empêcher de copier ce paſſage, parce qu'il revient parfaitement à mon ſujet. Tout Miniſtre, par une eſpece de fiction, eſt regardé comme hors des Terres de la Puiſſance auprès de laquelle il exerce ſon emploi : il vit dans la même indépendance de l'é-tat de nature, qui regne entre les Souverains. On ne peut donc le contraindre ainſi que je l'ai dit, à ſe ſoumettre aux loix civiles ; mais il eſt permis de demander ſon rappel, de lui interdire la Cour, & de le contraindre à ſortir des Etats.

LXIV.
Un Miniſtre vit dans l'indépendance de la loi de nature.

K vj

LXV.
Ses priviléges s'étendent jusqu'à ses domestiques, & ses meubles.

Les biens meubles sont aussi à l'abri de toute insulte, de même que les domestiques ; à moins que pour crimes commis, le Ministre ne livre volontairement ses domestiques à la rigueur des loix. Les protéger alors ce seroit abuser de son caractere.

LXVI.
Les priviléges accordés aux Ministres étoient sacrés chez les anciens. Exemple tiré de Grotius.

Toutes ces immunités étoient connues de l'antiquité. Ceux qui insultoient un Ministre, ou ses domestiques, encouroient à Rome la peine de mort ordonnée dans la loi Julienne, lorsqu'un Héros étoit envoyé chez quelques Princes de la part des Romains, m'établissez-vous, leur disoit-il, pour Ambassadeur Royal ; moi, mon bagage & ma suite ?

Pour assurer la jouissance du droit des Gens, la premiere audience n'est pas essentielle. Nous avons vu des Ambassadeurs négocier, & résider plusieurs années, sans y avoir été admis (*a*). Dès qu'on laisse à un Ministre exercer quelques fonctions, c'est un aveu au moins tacite de son caractere.

LXVII.
La premiere audience n'est pas nécessaire pour assurer la jouissance du droit des Gens.

____

(*a*) Tel que M. de Feriol en Turquie.

LXVIII.
Expédient dont se servit le Cardinal Bichy pour faire recevoir le Ministre du nouveau Roi de Portugal. Exemple tiré de Wicquefort.

Le Cardinal Alexandre Bichy trouva moyen de faire reconnoître l'Ambassadeur de Portugal, quoique le Pape Urbain VIII l'eut refusé. Ce Pontife craignoit de se brouiller avec l'Espagne, & ne vouloit permettre l'entrée de Rome à l'Evêque de Lamego. La France de son côté sollicitoit vivement la réception du Ministre du nouveau Souverain. Le Cardinal Bichy, pour l'obtenir, représenta que si Sa Sainteté ne souffroit point l'Evêque dans Rome, il falloit à la campagne pourvoir à sa sûreté, & le garentir des Espagnols. Qu'au reſte la précipitation du Roi de Portugal à envoyer une Ambaſſade ſolemnelle & diſpendieuſe, prouvoit le reſpect & la pieté de ce Prince, qu'ainſi la reconnoiſſance exigeoit que la Cour de Rome mit l'Ambaſſadeur à couvert de toute ſurpriſe, que dans la Ville il n'auroit rien à craindre, & qu'on feroit en même tems déchargé de la dépenſe conſidérable que cauſeroit ailleurs la garde du Prélat.

Ainſi l'Evêque fut reçu dans Rome, & peu de tems après le nouveau Roi de Portugal fut reconnu du pere commun de l'Eglife.

LXIX. Le droit des Gens ne difpenfe pas un Miniftre de fe conformer aux ufages, & à la police du Pays qu'il habite.

Les priviléges du droit des Gens, tels étendus qu'ils foient ne difpenfent pas un Miniftre de fe conformer aux ufages du Pays où il fe trouve, & ne lui permettent pas les chofes défendues à toute une Nation. Il ne peut recevoir dans fa Chapelle les Sujets du Prince qui fe trouvent de même religion que lui, ni retirer dans fon Hôtel les Marchandifes prohibées par le Gouvernement & par la Police.

Il reste à sçavoir si celui auquel on refuseroit d'avouer le caractere en posséderoit les immunités ; c'est hors de doute, ce me semble : le Ministre représente toujours son Maître, quoiqu'il ne lui soit pas permis d'exercer sa charge, les désagrémens que lui procureroient la nature de nouvelles affaires, ou quelques fautes personnelles ne sont pas non plus une raison suffisante pour lui ravir les priviléges attachés à sa dignité.

LXX.
Le refus de reconnoître le caractere, ne prive point des immunités.

Il les conserve de même lorsqu'il est rappellé, soit que

LXXI.
L'Ambassadeur en jouit tou-

jours juf-
ques à fon
retour dans
fon Pays.
Exceptions
à ce fujet.

fur ces entrefaites la guerre fe déclare entre les deux Nations, foit qu'il paffe fur les terres ennemies de fon Souverain ; pourvu qu'en cette derniere occafion il fe trouve muni de paffeports de la part de la Cour dont il fort, & qu'il n'y ait aucune rupture entre celle-ci & l'Etat dans lequel il fe trouve alors ; mais le Miniftre n'eft pas à même de réclamer la protection des loix publiques, lorfqu'il traverfe les Terres d'un Souverain, fans en avoir la permiffion. Charles V fe fervoit de cette raifon pour juftifier le meurtre des deux en-

voyés de François I, qu'il foup-
çonnoit d'aller négocier contre
fes intérêts à Venife, & à
Conftantinople.

J'ai tâché dans ce Difcours **LXXII.**
d'examiner tout ce qui a rap- Conclu-
port à la fociété entre les hom- fion du Dif-
mes. La certitude d'un Etre cours.
fuprême, & les devoirs de religion font les principes de
cette fociété. Les Gouvernemens affermis par des loix fa-
ges en font le maintien ; & enfin les fentimens d'humanité
unis au droit des Gens, font
du monde entier une feule famille, dont chaque Nation
compofe autant de branches.

ABREGÉ SOMMAIRE

Du droit de la nature, & des Gens du Baron de Puffendorf, pour servir de preuves au Discours précédent.

LA loi est la régle des actions des hommes. Elle se divise en naturelle, & en positive. Les seules lumieres de la raison apprennent à connoître la loi naturelle, qui doit son existence à l'Etre suprême.

La loi positive emprunte de la naturelle ses principes fondamentaux ; mais elle est l'effet de la volonté humaine.

Ce que l'on doit à Dieu,

Ce que l'on doit à foi-même,

Et les obligations des hommes entr'eux, font les trois points capitaux de la loi de nature.

Le premier de ces devoirs confifte dans le culte intérieur, & dans le culte extérieur.

Le fecond dans la confervation de l'ame & du corps.

Le troifieme impofe enfin aux hommes les devoirs abfolus & les devoirs conditionnels.

Les foins à l'égard de l'ame exigent de ne pas s'écarter des préceptes de la loi naturelle & de la loi écrite, & à fe rendre

utile à la fociéte felon fon génie & fa profeſſion.

Les foins à l'égard du corps
confiftent à ne pas difpofer
témérairement ou par défef-
poir de fa vie, & à fe défendre
contre un injufte aggreffeur.

Les devoirs envers autrui
font divifés, ainfi que je l'ai
dit, en devoirs abfolus & en
devoirs conditionnels.

Les devoirs abfolus défendent de faire aucun tort, exigent la réparation du dommage, ordonnent aux hommes de
fe regarder comme égaux, de
fe rendre des fervices mutuels.

Les engagemens volontaire

envers autrui tirent leur origine des devoirs conditionnels. Ces engagemens sont obligatoires d'une part seulement, ou obligatoires des deux côtés. Obligatoires d'une part seulement par une promesse gratuite, obligatoires des deux côtés par une convention. Toutes promesses se divisent en promesses parfaites, & promesses imparfaites. Les premieres donnent action, les secondes n'en procurent aucune. Elles ne sont que de simples obligations, que nous pouvons aisément enfreindre.

L'usage de la parole, la pro-

priété des biens, le prix des
choses, produisent les devoirs
conditionnels. L'usage de la parole est de ne jamais tromper,
soit en employant des termes
ou des signes équivoques ; la
dissimulation à certains égards
est permise , aussi-bien que les
fictions ; mais c'est lorsque les
unes & les autres ne peuvent
préjudicier. L'usage de la parole engage à remplir une convention , quand sur-tout elle se
trouve appuyée par un ser-
ment , qui n'étant cependant
qu'un lieu accessoire, ne rend
pas cette convention plus solide.

La

La propriété des biens doit fa naiffance aux acquifitions primitives, & aux acquifitions dérivées. Les acquifitions primitives font fimples, abfolues, ou font primitives à quelques égards feulement.

Simples ou abfolues, par droit d'un premier occupant, lequel, en même tems, devient le maître des acceffoires. Ces acceffoires font de deux fortes ; les premiers, occafionnés par la nature ; les feconds, par l'induftrie.

Les fervitudes perfonnelles & réelles de Ville & de Campagne fe rapportent aux ac-

quifitions primitives. Les acquifitions dérivées viennent de
la loi d'un Supérieur, ou de la
volonté d'un Propriétaire,
qui, par teftament ou par donation, tranfmet fon droit à
un autre.

Le prix des chofes fe réduit
en prix propre & intrinféque,
en prix virtuel & éminent. Le
prix intrinféque eft attribué
aux chofes mêmes, & aux actions qui entrent en commerce. Le prix virtuel fert au premier de jufte eftimation ; il eft
attaché à la monnoie, & à
tout ce qui en tient lieu.

Ce prix des chofes fert de

régle aux contrats & aux devoirs qui réſultent de ces derniers. Ces Contrats ſont gra-
tuits ou bienfaiſans , & intéreſſés de part & d'autre. On
attribue aux bienfaiſans le
mandat, le prêt à uſage, le
dépôt & la donation. On attribue aux onéreux l'échange ,
la vente , le louage , le bail
commun, ou emphytéotique,
les ſociétés entre marchands,
le hazard, le jeu, les gageures,
la loterie & l'aſſurance. Afin
de donner plus de force à ces
derniers Contrats , ſouvent la
caution , le gage & l'hypothé-
que y ſont joints.

L ij

Le Gouvernement humain établit les loix; pour parvenir à leur juste interprétation, il est nécessaire de s'instruire de ce qu'on appelle la raison de la loi; & cette raison n'est autre chose que les motifs & les vues qui ont porté le Législateur à prescrire la loi. Il est permis alors d'étendre ou de resserrer la signification des termes qui se trouvent ou favorables, ou odieux. Au reste lorsqu'il se rencontre deux loix opposées, ou deux conventions, il faut prendre celle des deux qui devient la plus utile au bien commun.

De la juste interprétation des loix & des devoirs généraux qui supposent quelques établissemens humains, on vient à connoître les divers états de la vie. L'état de nature & les états accessoires en font la division. L'état de nature désigne les Souverains qui, les uns envers les autres, ne sont soumis à aucun Supérieur.

Des états accessoires dérivent le mariage, le pouvoir des peres sur leurs enfans, des Maîtres sur leurs domestiques & sur leurs esclaves, & l'établissement des sociétés civiles. Ces sociétés se trouvent régies, ou par une seule personne, ou par la multitude. Les Souverains ont seuls le pouvoir de prescrire les loix, de les abroger, d'entreprendre la guerre, de conclure les alliances, les Traités, de régler la considération d'un chacun, enfin tout ce qui dépend de l'estime de distinction.

A cette estime se rapporte la préféance que les états acquiérent les uns sur les autres par des Traités, ou par le consentement tacite des Peuples. L'établissement des sociétés civiles donne aux Souverains le droit de disposer des biens renfermés dans leur domination par le moyen des subsides & des impôts; & même en une occasion délicate, ils peuvent jouir du domaine éminent, & de l'usufruit de celui de la Couronne. Enfin le pouvoir de régler le prix des choses, celui de punir & d'absoudre, celui de battre monnoie, &c. sont aussi du ressort de la Toute-puissance.

Fin du Tome premier.

TABLE

DES SOMMAIRES

Contenus en ce Volume.

PREFACE.

L v

PREMIERE PARTIE.

DISCOURS PREMIER.

Sur les qualités naturelles & acquises, utiles au Ministere.

DISCOURS II.

De la conduite d'un Ministre envers son Souverain, & de sa conduite dans la Cour où il réside.

SECONDE PARTIE.

DISCOURS PRÉLIMINAIRE.

DISCOURS

Sur quelques Points principaux du droit des Gens.

PREMIERE PARTIE.

Du culte intérieur, & extérieur.

SECONDE PARTIE.

De l'établissement des Sociétés civiles.

TROISIEME PARTIE.

Du droit des Gens dans les hostilités.

Fin de la Table.